十八史略で読む

史記

始皇帝・項羽と劉邦

漢文ライブラリー

渡邉義浩
著

朝倉書店

まえがき

日本人は、中国の歴史を『十八史略』で学んできた。中国の正史を代表する『史記』も、その一つである。

司馬遷は生き恥を晒した男である、との言葉で、武田泰淳は『史記の世界』を始める。匈奴に降服した李陵を弁護したことが武帝の怒りに触れ、死刑を宣告された司馬遷が宮刑を受けて罪を贖い、男であることを棄ててまで『史記』を書き続けたことへの謂である。刀折れ矢尽きた李陵の善戦や司馬遷の思いは、中島敦の『李陵』にも描かれる。

たしかに、日本の近代文学者たちが感じたように、司馬遷の『史記』は、悲劇を描くことに手厚く、その背景には司馬遷個人の「発憤著書」の思いがある。四面楚歌された項羽が、垓下の歌を謳うのはこの現れである。

本書は、『史記』の中から、最もおもしろい秦の統一から項羽と劉邦の争いまでを選んだ。『十八史略』は、『史記』の難しい表現を分かりやすく書き換え、実に見事に秦から漢の歴史を描き出している。

本書を通じて、漢文で記された『史記』の世界に、一人でも多くの人が足を踏み入れてくれることを期待する。

二〇一六年一〇月六日

渡邉義浩

目次

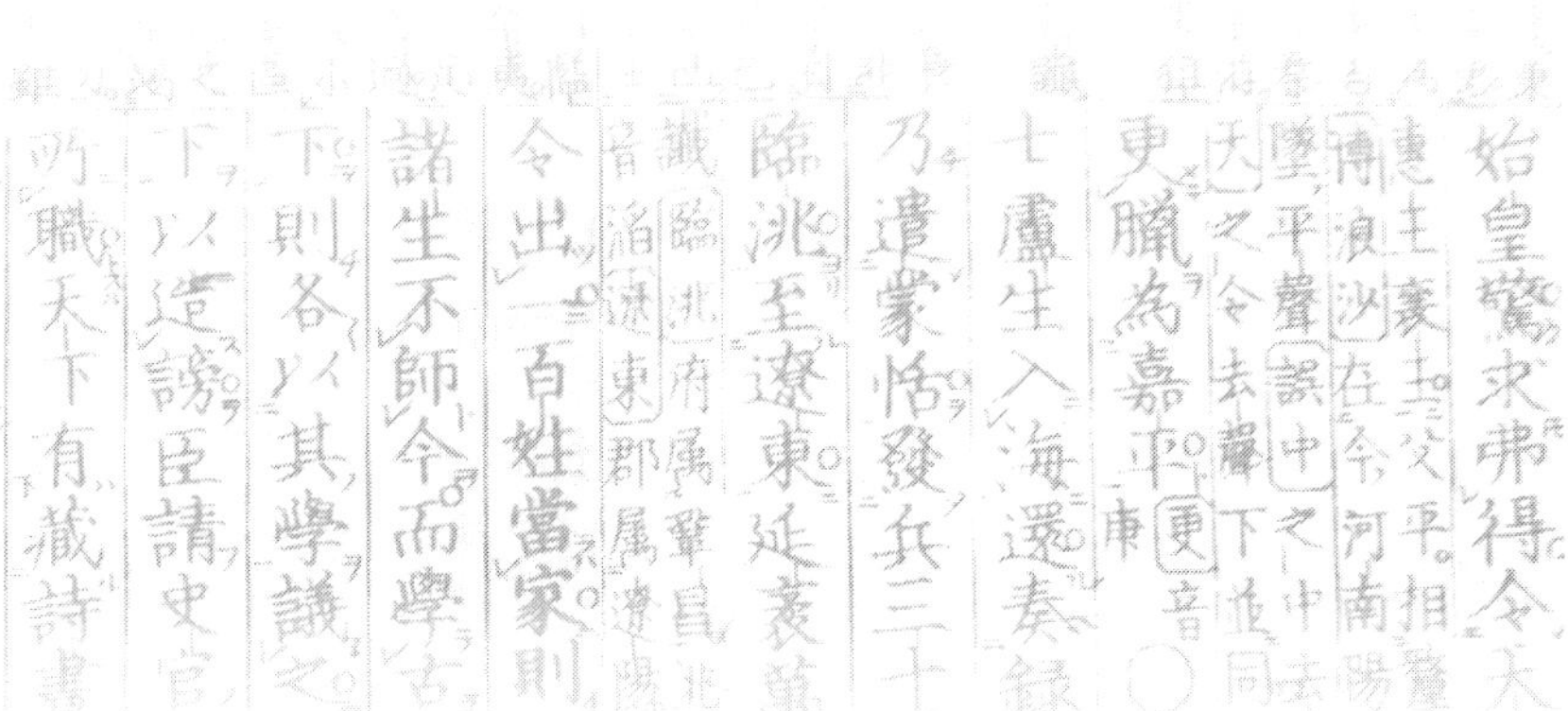

『十八史略』とその受容

一、『十八史略』の成立

『十八史略《じゅうはちしりゃく》』は、宋《そう》末元《げん》初（一三世紀ごろ）の曾先之《そうせんし》の著書である。曾先之は、廬陵《ろりょう》（江西省吉安県）の人で、元（一二七一～一三六八年）の「進士」であったというが、『元史《げんし》』はもとより『江西通志《こうせいつうし》』や『廬陵県志《ろりょうけんし》』にも名が見えない。『四庫全書総目提要《しこぜんしょそうもくていよう》』は、礼部《れいぶ》の試験に合格していないためだと手厳しいが、合格の有無はともかく、後世に名を残すような文人ではない。

『十八史略』は、今で言う受験参考書の類であり、次に掲げる十九種類の史書の要点を抜粋したものである。

(1)『史記《しき》』一百三十巻、前漢《かん》・司馬遷《しばせん》撰
(2)『漢書《かんじょ》』一百巻、後漢・班固《はんこ》撰
(3)『後漢書《ごかんじょ》』九十巻、附『続漢書《しょくかんじょ》』志三十巻、
劉宋《りゅうそう》・范曄《はんよう》撰　西晉《せいしん》・司馬彪《しばひょう》撰
(4)『三国志《さんごくし》』六十五巻、西晉・陳寿《ちんじゅ》撰
(5)『晉書《しんじょ》』一百二十巻、唐《とう》・太宗《たいそう》御撰
(6)『宋書《そうじょ》』一百巻、梁《りょう》・沈約《しんやく》撰
(7)『南斉書《なんせいじょ》』五十九巻、梁・蕭子顕《しょうしけん》撰
(8)『梁書《りょうじょ》』五十六巻、唐・姚思廉《ようしれん》奉勅撰
(9)『陳書《ちんじょ》』三十六巻、唐・姚思廉奉勅撰
(10)『魏書《ぎしょ》』一百十四巻、北斉《ほくせい》・魏収《ぎしゅう》奉勅撰
(11)『北斉書《ほくせいしょ》』五十巻、唐・李百薬《りひゃくやく》奉勅撰
(12)『周書《しゅうじょ》』五十巻、唐・令狐徳棻《れいことくふん》奉勅撰
(13)『隋書《ずいしょ》』八十五巻、唐・魏徴《ぎちょう》・長孫無忌《ちょうそんぶき》等奉勅撰
(14)『南史《なんし》』八十巻、唐・李延寿《りえんじゅ》撰
(15)『北史《ほくし》』一百巻、唐・李延寿撰
(16)『新唐書《しんとうじょ》』二百二十五巻、
宋《そう》・歐陽脩《おうようしゅう》・宋祁《そうき》等奉勅撰
(17)『新五代史《しんごだいし》』七十四巻、宋・歐陽脩撰
(18)『続資治通鑑長編《ぞくしじつがんちょうへん》』五百二十巻、宋・李燾《りとう》撰
(19)『続宋編年資治通鑑《ぞくそうへんねんしじつがん》』十五巻、宋・劉時挙《りゅうじきょ》撰

このうち、(18)と(19)は、ともに宋の史書であるため一つの史書と考えると、(1)から(17)までの十七の正史（「十七史」と呼ぶ）に宋の史書一つを足したものなので、『十八史略』と称しているのである。

(17)までの正史は、皇帝の年代記である本紀《ほんぎ》と、臣下の伝記である列伝《れつでん》を中心とする紀伝体《きでんたい》で書かれているた

め、前後を参照しなければ、その時代の動きをつかむことができず、また分量も膨大であった。そうした欠点を補うものとして、北宋・司馬光《しばこう》の『資治通鑑《しじつがん》』、南宋・朱熹《しゅき》（朱子）の『資治通鑑綱目《しじつがんこうもく》』といった、年代順に史実を記載した編年体《へんねんたい》の史書が著されていた。

『十八史略』は、これらをさらに簡潔にしたもので、初学者が知らなければならない、三皇五帝《さんこうごてい》から南宋の滅亡までの中国史の基本的な事跡を、簡潔に興味深くまとめあげたものである。

二、版本と日本での受容

『十八史略』は、本来二巻本であったが、明初に、臨川《りんせん》の陳殷《ちんいん》が音釈を加え、建陽《けんよう》の劉剡《りゅうえん》が補正した七巻本がある。室町時代に二巻本が伝来したが、江戸時代に広く読まれたものは、七巻本である。中国では、ほとんど読まれることのなかった『十八史略』であるが、日本では、『論語《ろんご》』『孝経《こうきょう》』『文章規範《ぶんしょうきはん》』『唐詩選《とうしせん》』と並ぶ初学入門の必読書の一つとして、江戸時代には各藩の藩校や教塾で、明治時代にも、小学・中学の教科書として、盛んに使用された。

現代でも、高等学校の漢文の教材として、相当量が取り入れられており、『十八史略』を出典とする「背水《はいすい》の陣」、「泣いて馬謖《ばしょく》を斬る」など多くの故事や格言が、日本語の中に生きている。

本書は、『十八史略』の中で、古来もっとも読み継がれてきた『史記』の部分から、始皇帝の中国統一、および項羽と劉邦との対決を取り上げ、『十八史略』を通じて、『史記』の世界を漢文で味わうことを目指すものである。

司馬遷と『史記』

一、司馬遷の生涯

司馬遷《しばせん》は、前一四五年ごろ竜門《りゅうもん》（陝西省韓城県）に生まれた。天文・易・道家の学に詳しい父の司馬談《しばたん》より、十歳で文字を教えられ古典を読み、やがて長安で、董《とう》仲舒《ちゅうじょ》より『春秋公羊伝《しゅんじゅうくようでん》』を中心とする儒学を受けた。

二十歳のとき、司馬遷は、斉《せい》や魯《ろ》を訪れて儒教の礼を学習し、国家の祭祀個所を訪ね、史跡の調査を行った。仕官の後、武帝の命により四川から雲南方面の異民族を宣撫して帰朝すると、病床にあった父は、泰山での封禅《ほうぜん》の盛儀に参加できぬ無念さを込めて、明君・忠臣・義士の事跡を記述すべきことを遺言する。

司馬遷は太史令《たいしれい》になると、太初《たいしょ》元（前一〇四）年、『史記』の執筆に着手した。太史令は、太常《たいじょう》の属官で秩石は六百石、その職掌は天文・暦法のほか、文章・歴史を掌ることにあった。したがって、司馬遷は、公務の余暇に『史記』を執筆したのではなく、太史令の職務の一環として歴史を記録した。それにもかかわらず、『史記』が「私史」あるいは「私家の書」とされるのは、後世の史館によって編纂された「正史」と比較して、個人の手により執筆されたという意味での「私史」であり、執筆が明確な皇帝の命令に基づかないという意味でも「私史」と呼び得るということである。司馬遷は、個人の業務ではあるが、太史令として官庁に保存された各種の史料を読み、太史の官庁で前九六年までの七年間、『史記』の執筆に当たった。

司馬遷が太史令を罷免されたのは、匈奴《きょうど》に降服した李陵《りりょう》将軍を弁護したためである。漢は匈奴に対して守勢にあり、財政的にも困窮の度を増してきており、匈奴との戦争に内心では反対な公卿《こうけい》もいた。かれらの誰かが、司馬遷を武帝の召問を受ける手続きをして、司馬遷は匈奴に降服した李陵の弁護をしたのである。

武帝が激怒したのは、司馬遷の意見の背後にあった、対匈奴戦の指揮者である将相、ことに李皇后の姻戚である李広利《りこうり》への批判、さらには匈奴政策そのものへの批判が宮中に潜在していたためであろう。武帝は、こうした批判を封殺し、武帝への権力集中をさらに強固なものにするため、司馬遷が全く予想もしなかった極刑に司馬遷を処したのである。

司馬遷は、『史記』が未完であったため、死刑を免れるために宮刑《きゅうけい》を受けた。やがて武帝は、李陵が戦いに死力を尽くしたことなどを知り、後悔したという。このため、司馬遷は、受刑の後、太始《たいし》元（前九六）年、中《ちゅう》書令《しょれい》となり、『史記』の執筆を再開することができた。『史記』が一応の完成を見たのは、征和《せいわ》二（前八七）年、あわせて十三年に及ぶ執筆期間であった。

二、『史記』の体裁と材料

『史記』は、中国最初の通史で、黄帝《こうてい》から前漢武帝《ぶてい》期までを扱う。有史以来の主な国家の編年史を「本紀《ほんぎ》」十二巻とし、政治史を中心とする歴史過程の大綱を示し、その歴史過程の認識をより正確にするために、系図および年表を十巻の「表《ひょう》」に示す。そして、儀礼・制度・音楽・天文・暦法・祭祀・治水・経済などの分野史を八巻の「書《しょ》」に著し、諸侯の国々の歴史を三十巻の「世家《せいか》」として書す。最後に、多くの人物の伝記を七十巻の「列《れっ》伝《でん》」において叙述した。あわせて百三十巻。司馬遷は、これを『太史公書《たいしこうしょ》』と名付けた。『史記』と呼ばれるようになるのは、後漢《ごかん》の霊帝《れいてい》期（二世紀後半）のことである。「本紀」と「列伝」を本質的な構成要素とするこの記述形式は、「紀伝体《きでんたい》」と呼ばれ、以後二千年にわたる中国の正史は、「紀伝体」によって書くべきものとされていく。

一九七二年より発掘された馬王堆漢墓《まおうたいかんぼ》の三号墓より出土した帛書《はくしょ》『戦国縦横家書《せんごくしょうおうかしょ》』は、楚漢の際までに記された戦国故事二十七篇の輯本であり、『史記』の材料である。『史記』の戦国史料は、少なくとも九割以上が、これらの先行する文字資料を素材とする。具体的には、『史記』が素材とした資料は、漢代に伝えられた図書を基本とする。それらの中で、『史記』が利用した系統は、太常に関する儀礼（太史令は太常の属官である）、太史令などの天文・暦・紀年資料・系譜と、博士《はくし》の書物が多い。これに対して、丞相・御史大夫《ぎょしたいふ》や廷尉《ていい》（裁判を扱う）・大司農《だいしのう》（財政を扱う）の文書・記録などの利用は少ない。

素材を収集した後は、それを取捨選択して『史記』を編集しているが、選択した資料のうちには、すでに史実として疑わしい伝説も含まれていた。注目すべきは、編集を行う際に、司馬遷が独自の史観より歴史を編纂していたことである。

三、『史記』の特徴と思想的な背景

従来、『史記』には物語的叙述が多いため、司馬遷の発奮による創作の要素が多いと言われてきた。いわゆる「発奮著書」説である。また、武帝の時代には、文字に書かれた資料は少なく、口承と語り物の利用や、司馬遷の旅行による取材を強調する説も多かった。『史記』の文学性を強調する見解である。しかし、出土資料の研究により、『史記』には、司馬遷の創作部分は少なく、先行する文字資料を基本に書籍を編集して『史記』を作成したことが解明されてきた。また、司馬遷の旅行も、口承や語り物の取材のためではなく、儒教の礼を学習するために行われた第一回以外は、武帝の随行であり、旅行の経験が直接『史記』の記述には反映していないことも明らかになってきた。すでに戦国時代から竹簡の典籍が現れており、司馬遷が『史記』を著述するころには、書写された文書と書籍を編集する時代に入っていたのである。

また、『史記』が、司馬談の執筆部分、司馬遷が太史令のときの執筆部分、李陵事件の後の司馬遷の執筆部分に分けられるとの研究が進められた結果、これまで言われてきた『史記』の特徴も、それぞれの部分に応じて解明しなければならなくなっている。

李陵事件以降、司馬遷は、叙述の時代を延長し、上は春秋時代から遡って、五帝の時代まで、下は漢初以降、漢の武帝の時代までが取り扱われることになり、通史が完成するようになった。その背景には、古代における帝王、とくに理想的な帝王、また国家を衰亡に導いた無道の帝王がどのようなものであるかを書き記し、それを武帝に提示しようとする司馬遷の意図があったという。司馬遷の編集意図が李陵事件を機に大きく変わり、武帝への諫戒の書としての性格を持つに至ったとするのである。

また、李陵事件以前に取り扱っていた漢初の本紀は、その多くが明君的な要素を持ち、賛美の言葉が連ねられている。また、項羽本紀と秦始皇本紀は、漢初の皇帝たちと対照的に批判される対象として取り扱われている。すなわち、李陵事件以前の『史記』は、漢を賛美する史書であったと考えてよい。これに対して、李陵事件以降

は、封禅書・河渠書・平準書・外戚世家・魏其武安侯列伝・司馬相如列伝・酷吏列伝・貨殖列伝の諸篇において、武帝への批判を読み取ることが可能であり、武帝の専制化に対する批判が見られる。ここでも、李陵事件以降の司馬遷の編集意図は、武帝への批判に置かれている。

さらに、列伝では、李陵事件以前は、個人の成功と失敗はその個人の学術・才能・性格によるという見方がされていた。これに対して、李陵事件以降は、君主により不当な罪に問われ、あるいは死し、あるいは隠忍して逆境を生き抜いている個人を、いずれも本人たちの短所や欠点を暴こうとすることなく、司馬遷が深い同情の眼で見つめている、という。従来は、この部分に『史記』の特徴が集約され、「発奮著書」説が主張されていた。それは決して誤りではないが、李陵事件の後に書かれた部分に、それが見られると言うのである。

また、『史記』が文学性を帯びているのは、銀雀山漢簡《ぎんじゃくざんかん》『孫子』のエピソードをそのまま孫子列伝に引用しているように、利用した説話そのものに物語性が見られる場合と、司馬遷が興亡の原理や、その滅亡、失脚の原因を説明しようとする編集方針などに起因する場合とがあるという。『史記』の文学性をそのまま司馬遷という著者の文学性に直接結びつけることはできず、『史記』が材料とした資料の来源を考えなければならないのである。

こうした近年の研究を踏まえたうえで、なお問わなければならないことは、『史記』執筆の思想的な背景である。『漢書』芸文志《げいもんし》が、『太史公書』を春秋家に分類しているように、この時代は、いまだ「史」が独立した地位を学術上に占めていない時代であった。司馬遷は、なぜ『史記』を執筆したのであろうか。

『後漢書《ごかんじょ》』班彪伝《はんぴょうでん》に掲げられる『後伝《こうでん》』（班彪が『太史公書』を書き継いだ史書で、『漢書』の原型）の「略論《りゃくろん》」は、司馬遷が記述した史事の範囲を「上は黄帝から、下は獲麟《かくりん》に至るまで」と伝えている。

> 武帝の世には、太史令の司馬遷が、『左氏伝《さしでん》』と『国語《こくご》』の記録を採集し、『世本《せほん》』と『戦国策』の記録を削り、楚漢列国の（争いが繰り広げられていた）当時の史事に基づいて、上は黄帝から、下は獲麟に至るまで、本紀・世家・列伝・書・表の合わせて全百三十篇を作ったが、その内の十篇は欠けた。

ここに述べられる「獲麟」について、『後漢書』に付けられた李賢《りけん》の注は、「武帝の太始二（前九五）年、隴《ろう》首《しゅ》に登り、白麟《はくりん》を獲た。司馬遷は『史記』を作っていたが、（孔子が獲麟で『春秋』を擱筆《かくひつ》したように）筆をこの年に擱《お》いた」と説明する。

現在、司馬遷の著した武帝本紀は伝わっておらず、『史記』が太始二（前九五）年の獲麟で筆を擱いているか否かを直接確認することはできない。しかし、『史記』太史公自序にも、「そこでついに陶唐《とうとう》（堯）よりこのかた麟止までのことを論じた。その記述は黄帝より始める」とあるように、獲麟で筆を擱いたことは明記されている。また、『漢書』武帝紀にも、太始二（前九五）年に獲麟の記事が載せられている。

哀公《あいこう》十四年、獲麟の記事で孔子が『春秋』を擱筆していることについて、公羊伝《くようでん》と何休注《かきゅうちゅう》は、獲麟を聞いた孔子が嘆き、「吾が道は窮《きわま》れり」と言ったことを記す。そののちに、公羊伝は、隠公《いんこう》に始まり哀公に終わる『春秋』がなぜ作られたのかに議論を進める。

〔伝〕君子はなぜ『春秋』をつくったのか。乱世をおさめ、これを正しきにもどすには、『春秋』より適切なものはないからである。

〔注〕……獲麟の後、天は魯《ろ》の端門《たんもん》に血で書かれた文書を下し、「急いで法をつくれ。聖人の孔子が没しようとしている。……（今後）秦の政《せい》（始皇帝の諱《いみな》）が起ち、胡《こ》（亥《がい》、二世皇帝）が道術を破壊して、書物は散佚してしまうであろうが（焚書坑儒《ふんしょこうじゅ》の予言）、孔子（の『春秋』）は絶えることはあるまい」とした。……。孔子は、仰いで天命を推し量り、伏して時変を察し、はるかに未来まで見通し、前もって永遠の彼方を理解して、漢が大乱の後を引き継ぐことを知ったので、乱をおさめるための法をつくって、漢に授けたのである。

もちろん、何休注は後漢末期の成立であり、司馬遷が修めた春秋公羊学が、このままの解釈であったとは言い難い。しかし、春秋公羊学において、孔子が獲麟を機に周の滅亡を感じ、『春秋』の執筆を始めた、とする大筋は変わるまい。春秋公羊学を修めている司馬遷が、獲麟で筆を擱いたのであれば、司馬遷は漢の滅亡を予感し、孔子の『春秋』と同じように『太史公書』を後世に遺し、乱をおさめるための法を描いて、後王にそれを残そうとしたことになる。

事実、『史記』太史公自序には、

> 凡そ百三十篇、五十二万六千字、これを太史公書と名付ける。……（本書は）六経《りくけい》の異伝にかない、百家の雑語を整え（たもので）、（原書は亡失せぬよう）名山に蔵し、副本は京師《けいし》に置いて、後世の聖人・君子を俟《ま》つ。

と記される。最後の「後世の聖人・君子を俟つ」は、『春秋公羊伝』哀公十四年の「春秋を制し、以て後聖・君子を俟つ」を踏まえた表現である。

武帝本紀が伝わらない理由については、武帝による削除説がある。武帝は、詔の中に『春秋公羊伝』を引用したことがあり、春秋公羊学を知っていた。『史記』の本紀が獲麟で終わる意味を理解できたのであろう。

後漢の第二代皇帝の明帝《めいてい》は、班固に司馬遷の評価を問う詔の中で、司馬遷が『史記』を著したことは、「名を後世に揚《あ》ぐ」べきものであるが、「微文《びぶん》（春秋学に基づき間接的に批判する文）」により当世をそしったことを「誼士《ぎし》（正しい士）」ではない、と批判している。司馬遷が春秋学により武帝を批判していることを明帝は的確に理解していた。司馬遷の『史記』執筆の思想的な背景は春秋公羊学にあり、その執筆目的は春秋の微言により武帝を批判することにあった。

司馬遷の思想的な背景と著作の目的は、「天道是《ぜ》か非《ひ》か」という列伝の最初に置かれる伯夷伝の問いかけとなって表現される。義人であるはずの伯夷と叔斉《しゅくせい》が、餓死という惨めな死を遂げることに対しての疑問である。この言葉には、司馬遷自身が、李陵の弁護という正しい行いをしながらも、宮刑という屈辱的な刑罰を受けたことに対しての悲痛な思いが根底にある。

司馬遷は、自らを『春秋』を著した孔子に準《なぞら》え、自分の筆によって、そのままにしておけば消えてゆく運命にある高義の士の名を後世に伝えようとして『史記』を著した。それが、春秋家に分類される『史記』の本質であったと言えよう。

第一回　西戎の覇者

秦之先《ハ》、本顓頊之裔《ナリ》。曰《フ》大業《ト》者、生《ム》柏翳《ヲ》。舜賜《フ》姓《ヲ》嬴氏《ト》。其後《ニ》有《リ》蜚廉。蜚廉《ノ》子《ヲ》曰《フ》女防《ト》。女防之後《ニ》有《リ》非子。好《ミ》馬《ヲ》、為《ニ》周《ノ》孝王《ノ》主《ル》馬《ヲ》於汧・渭之間《ニ》。馬大《イニ》蕃息《ス》。分《チテ》土《ヲ》為《シ》附庸《ト》、邑《セシム》之《ヲ》秦《ニ》。閲《シテ》二世《ヲ》、至《リ》秦仲《ニ》、始《メテ》大《ナリ》。歴《テ》荘公《ヲ》至《ル》襄公《ニ》。犬戎殺《スヤ》幽王《ヲ》、襄公救《フニ》周《ヲ》有《リ》功。封《ゼラレテ》為《リ》諸侯《ト》、賜《ハルニ》以《テス》岐西《ノ》地《ヲ》。歴《テ》文公・寧公・出子・武公・徳公・宣公・成公《ヲ》、至《ル》繆公《ニ》。有《リ》百里奚《トイフ》者、故《ノ》虞《ノ》大夫也。為《ル》繆公《ノ》夫人《ノ》媵《ト》。亡《ゲテ》秦《ヲ》走《ル》宛《ニ》。楚人執《フ》之《ヲ》。繆公

顓頊　中国の伝説上の帝王。五帝の一人で黄帝の孫。
柏翳　舜の九官の一人として虞の職にいた益のこと。
舜　中国の伝説上の帝王。五帝の一人で、堯の禅譲を受けた。
孝王　西周第八代の王、姫辟方のこと。
汧・渭　二水の名。ともに陝西省にある。汧水は渭水の支流。
附庸　公侯伯子男という五等の下に置かれた諸侯。
犬戎　西周を滅した異民族。
幽王　西周最後の王。褒姒を寵愛して国政を乱した。
襄公　東周の平王が洛邑に都を置くことに功績があり、旧西周の地を領有した。
繆公　穆公とも書く。
百里奚　虞から晋に行き、晋侯の娘が秦の繆公の夫人となったので、付き添いとして秦に行った。
虞　山西省にあった国名。
媵　諸侯の娘が嫁に行くときに、付き添って行く臣下。
宛　今の河南省にあった地名。

聞《キ》二其《ノ》賢《ナルヲ》一、以《テ》二五羖羊《ノ》皮《ヲ》一贖《ヒ》二‐得《テ》之《ヲ》一、授《ク》二之《ニ》政《ヲ》一。号《シテ》曰《フ》二五羖大夫《ト》一。百里奚進《メテ》二其《ノ》友《タル》蹇叔《ヲ》一、以《テ》為《ス》二上大夫《ト》一。

繆公送《リテ》二晋《ノ》恵公《ヲ》一帰《ス》レ晋《ニ》。已《ニシテ》而倍《キ》レ秦《ニ》、合《ハ》二‐戦《ス》于韓《ニ》一。繆公為《ル》二晋軍《ノ》所《ト》一レ囲《ム》。岐下有《リ》下嘗《テ》食《フ》二公《ノ》馬《ヲ》一者三百人上。馳《セテ》冒《ス》二晋《ノ》軍《ヲ》一。晋解《ク》レ囲《ミヲ》。遂《ニ》脱《シテ》二繆公《ヲ》一以《テ》反《ル》。先《レ》是《ヨリ》、繆公亡《フ》二善馬《ヲ》一。野人共《ニ》得《テ》而食《フ》レ之《ヲ》。吏逐《ヒ》得《テ》、欲《ス》レ法《ニセント》レ之《ヲ》。公曰《ク》、食《ラヒテ》二善馬《ヲ》一不《ンバ》レ飲《マ》レ酒《ヲ》傷《ルト》レ人《ヲ》。皆賜《ヒテ》レ酒《ヲ》而赦《セリ》レ之《ヲ》。至《リテ》レ是《ニ》聞《キ》二秦撃《ツト》一レ晋《ヲ》、皆願《ヒ》レ従《ハンコトヲ》、推《シ》レ鋒《ヲ》争《ヒテ》レ死《ヲ》以《テ》報《ユ》レ徳《ニ》。繆公後《ニ》又送《リテ》二晋《ノ》文公《ヲ》一帰《ス》レ国《ニ》。立《チテ》而覇《タリ》二諸侯《ニ》一。晋《ノ》文公卒《ス》。秦遣《ハシ》二孟明《ヲ》一襲《ハシテ》レ鄭《ヲ》、因《リテ》破《ル》レ滑《ヲ》。晋《ノ》襄

五羖　「羖」は黒い牡の羊。

上大夫　上級の臣下である大夫を上中下に分けていた。

孟明　姓は百里、名は視、孟明はその字。百里奚の子。

鄭　今の河南省にあった国の名。

滑　今の河南省の地名。

公、敗ル二之ヲ崤ニ一。繆公不シテレ替テ二孟明ヲ一、修メシム二国政ヲ一。後伐チテレ晋ヲ得レ志ヲ、遂ニ覇タリ二西戎ニ一。

崤　今の河南省の山名。
西戎　中国の西方の異民族、主としてチベット族。

【書き下し】　秦の先は、本、顓頊の裔なり。大業と曰ふ者、柏翳を生む。舜 姓を嬴氏と賜ふ。其の後に蜚廉有り。蜚廉の子を女防と曰ふ。女防の後に非子有り。馬を好み、周の孝王の為に、馬を汧・渭の間に主《つかさど》る。馬、大いに蕃息す。土を分ちて附庸と為し、之を秦に邑せしむ。二世を閲《けみ》して、秦仲に至り、始めて大なり。荘公を歴《へ》て、襄公に至る。犬戎、幽王を殺すや、襄公 周を救ふに功有り。封ぜられて諸侯と為り、賜はるに岐西の地を以てす。文公・寧公・出子・武公・徳公・宣公・成公を歴て、繆公に至る。百里奚といふ者有り、故《もと》の虞の大夫なり。繆公の夫人の媵《よう》と為る。秦を亡《に》げて宛に走る。楚人 之を執《とら》ふ。繆公 其の賢なるを聞き、五羖《こ》羊の皮を以て之を贖《あがな》ひ得て、之に政を授く。号して五羖大夫と曰ふ。百里奚 其の友たる蹇叔を進めて、以て上大夫と為す。

繆公 晋の恵公を送りて晋に帰す。已にして秦に倍《そむ》き、韓に合戦す。繆公 晋軍の囲む所と為る。岐下 嘗て公の馬を食《くら》ふ者三百人有り。馳せて晋の軍を冒す。晋 囲みを解く。遂に繆公を脱して以て反る。是より先、繆公 善馬を亡《うしな》ふ。野人 共に得て之を食ふ。吏 逐ひ得て、之を法にせんと欲す。公曰く、「善馬を食らひて酒を飲まずんば人を傷る」と。皆 酒を賜ひて之を赦せり。是に至りて秦 晋を撃つと聞き、皆 従はんことを願《ねが》ひ、鋒を推し死を争ひて以て徳に報ゆ。繆公 後に又 晋の文公を送りて国に帰す。立ちて諸侯に覇たり。晋の文公 卒す。秦 孟明を遣はし鄭を襲はしめ、因りて滑を破る。晋の襄公 之を崤に敗る。繆公 孟明を替てずして、国政を修めしむ。後 晋を伐ちて志を得、遂に西戎に覇たり。

【現代語訳】　秦の先祖は、もと、顓頊《せんぎょく》の子孫である。大業《たいぎょう》という者がいて、柏翳《はくえい》を生んだ。舜はこれに嬴《えい》という氏を賜わった。その子孫に蜚廉《ひれん》がいた。蜚廉の子を女防《じょぼう》という。女防の子孫に非子《ひし》がいた。馬が好きで、周の孝王のために、馬の飼育を汧水・渭水のあたりで掌った。馬は大いに繁殖した。（そこで孝王は非子に）土地を分け与えて附庸とし、これを秦に封建した。二代を経て、秦仲の代になり、始めて大きくなった。荘公《じょうこう》を歴て、襄公に至った。犬戎《けんじゅう》が周の幽王《ゆうおう》を殺した時、襄公は周を救って功を立てた。（東周の平王は襄公を）封建して諸侯となし、岐山以西の地を賜わった。（次いで）文公・寧公《ねいこう》・出子・武公・徳公・宣公・成公の七代を歴て、繆公《ぼくこう》に至った。時に百里奚《けい》という者がいたが、もとは虞《ぐ》の国の大夫であった。繆公の夫人の付き添いとなっ（て秦に行っ）た。秦を亡げて宛に走った。楚の人がこれを捕らえた。繆公は賢者であることを聞き、（高価な）五匹の黒い牡羊の皮を提供して受け出し、国の政治をまかせた。（世人は）五羖大夫と称した。百里奚は友人の蹇叔を推薦して、上大夫とした。

秦の繆公は晉の恵公を送って晉へ帰らせた。間もなく（恵公は）秦（の恩誼）にそむいて、（秦と）韓の地で合戦した。繆公は晉軍に包囲された。岐山のふもとにはかつて繆公の馬を殺して食った民が三百人ほどいた。（それが）駈けつけて晉の軍隊に突っ込んだ。（そのため）晉は囲みを解いた。かくて繆公を危難から免れさせ（秦へ）戻った。これよりさき、繆公は良馬を紛失した。百姓たちが皆でつかまえて殺してこれを食った。役人が追いかけ捕らえて、法律にあてて処罰しようとした。すると繆公は、「良馬の肉を食って酒を飲まないと、身体をこわすぞ」といった。皆に酒を下賜して罪を許した。ここに至って秦が晉を撃つと聞き、一同従軍を志願し、敵の鋒先をおしのけ死を覚悟して恩徳に報いた。繆公は後にまた（亡命してきた）晉の文公を本国に送り帰した。（文公は）位につくと諸侯の覇者となった。晉の文公が卒した。秦は孟明を遣わして鄭を不意討ちにし、滑の地を取った。晉の（文公の子の）襄公は秦を崤の地に破った。（ところが）繆公は孟明を見捨てず、国の政治を整えさせた。後に晉を伐ち志を得て、こうして西戎の覇者となった。

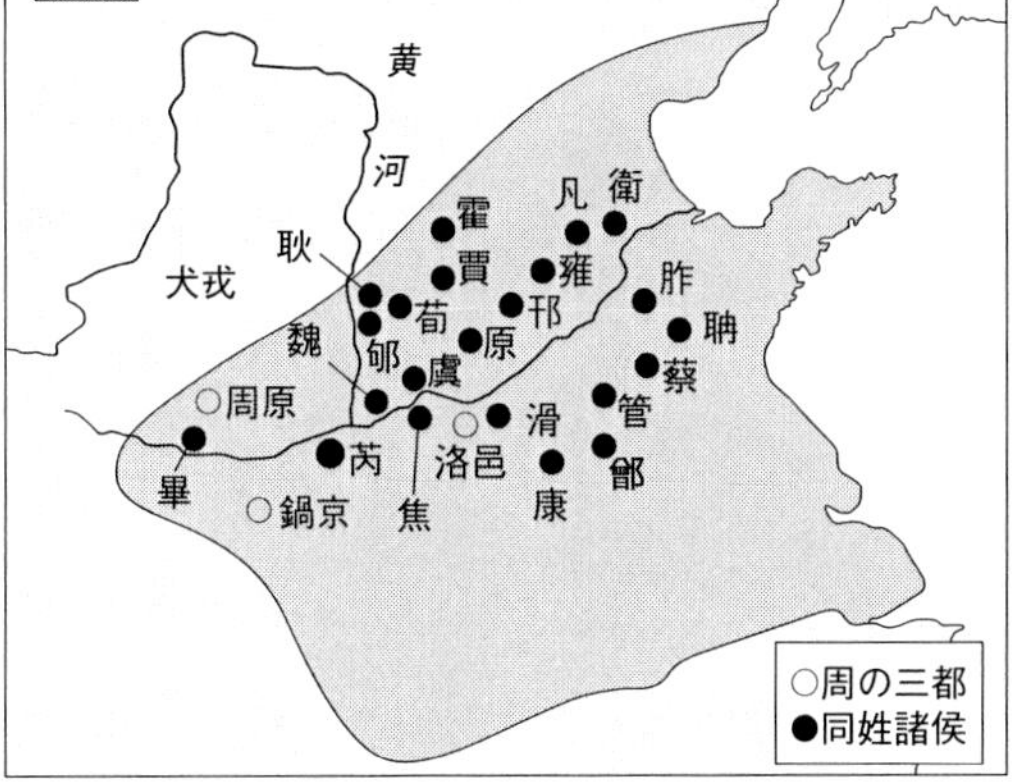

解説・鑑賞

●中国史の始まり

司馬遷《しばせん》の『史記《しき》』は、黄帝《こうてい》・顓頊《せんぎょく》・帝嚳《ていこく》・堯《ぎょう》・舜《しゅん》の五帝《ごてい》を中国史の始まりと考えている。五帝の前に、三皇《さんこう》という伝説的な帝王をさらに置くこともあるが、司馬遷は三皇を事実とは考えず、黄帝を中国の帝王の始まりと位置づけた。

堯から舜への帝位の交替は、血縁に依らず、自らの臣下の中で最も徳の高い者に継がせる禅譲《ぜんじょう》と呼ばれる方式によって行われたが、舜から禅譲を受けた禹《う》は、自らの子に帝位を世襲させ、中国最初の世襲王朝である夏《か》の始祖となった。

湯王《とうおう》のとき夏に代わった殷《いん》、武王《ぶおう》のとき殷を滅ぼした周《しゅう》は、いずれも武力により前の王朝を滅ぼしており、こうした革命の方法を放伐《ほうばつ》と呼ぶ。それでも、儒教は夏・殷・周の時代を尊重し、理想的な政治の行われた時代として三代《さんだい》と総称している。

周は、前七七〇年、西方の異民族である犬戎《けんじゅう》の侵入を受け、一時滅亡した。ここまでを西周《せいしゅう》という。そののち、平王《へいおう》が洛邑《らくゆう》（現在の洛陽《らくよう》）を首都に周を再興した。これを東周《とうしゅう》と呼ぶが、周王の力は衰退し、諸侯が分立した。周王の権威が尊重され、諸侯が覇者《はしゃ》と呼ばれる盟主のもとに「尊王攘夷《そんのうじょうい》」を掲げて夷狄《いてき》（異民族）を破った時代は、儒教経典の『春秋《しゅんじゅう》』にちなみ春秋時代と呼ばれる。

これに続く、周王の権威が尊重されず、下克上《げこくじょう》の実力主義の時代を戦国時代と呼ぶが、それを平定して、前二二一年に中国を統一したものが、秦《しん》の始皇帝《しこうてい》である。

●西戎の覇者

秦は、西周が滅びて、東周として存続することになったときに、功績を挙げたという襄公《じょうこう》（在位、前七七七〜前七六六年）が、岐山《きざん》以西の土地を与えられたことで諸侯の一員となった。

それ以前の秦については、伝説の域を出ないが、『史記』は、秦の先祖が顓頊の子孫で、舜に嬴《えい》という姓を賜与され、周の孝王《こうおう》（在位、前九〇〇年前後）のとき、一族の非子《ひし》が秦の地（甘粛省清水県秦亭付近）を与えられたと伝える。ただし、周以前の秦の来源については、その祖先が西方異民族であったとする説と、初めは山東省付近におり、やがて西へと移住していたという二説が提唱され、現在でも明らかになっていない。

　春秋時代における秦は、他の中原の諸侯国に比べて後進国に属していたが、それが飛躍的に発展拡大したのは、十一代目の君主繆公《ぼくこう》（穆公、在位前六五九～前六二一年）の時である。繆公は、百里奚《ひゃくりけい》（百里傒）、蹇叔《けんしゅく》などの賢臣を任用して国政を整えるとともに、東方では晉の内乱に乗じて河西の地を奪い、領土は黄河沿岸に達した。一方、西方では、西戎《せいじゅう》（西方の異民族）を討って領土の拡大に努め、中原の諸侯に匹敵する力を持つに至る。

　こうして「西戎の覇者」と呼ばれることになった繆公の後を受けて、秦の発展に力を尽くした者が、孝公《こうこう》とそれを支えた商鞅《しょうおう》であった。

―①秦仲―②荘公―③襄公―④文公―⑤寧公―
―⑥出子―⑦武公―⑧徳公―⑨宣公―⑩成公―
―⑪繆公―⑫康公―⑬共公―⑭桓公―⑮景公―
―⑯哀公―⑰惠公―⑱悼公―
―（以上は，『史記』十二諸侯年表に拠る）―
―⑲厲公―⑭躁公―⑮懐公―
―㉒霊公―㉓簡公―㉔恵公―㉕出子―㉖献公―
―㉗孝公―㉘恵文王―㉙武王―㉚昭王―
―㉛孝文王―㉜荘襄王―㉝始皇帝

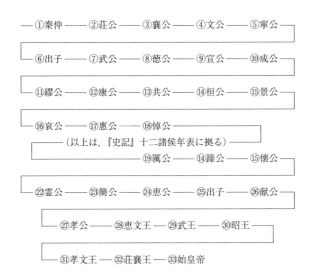

第二回　商鞅の変法

孝公《ノ》時、河山以東、強国六、小国十余《アリ》。皆以《テ》二夷狄《ヲ》一遇《シ》レ秦《ヲ》、擯《ケテ》不レ与《ラシメ》二諸侯之会盟《ニ》一。孝公下《スニ》レ令《ヲ》、賓客・群臣、有下能《ク》出《ダシ》二奇計《ヲ》一強《クスル》レ秦《ヲ》者上、吾其《レ》尊《クシ》レ官《ヲ》与《ヘント》二之《ニ》分土《ヲ》一。衛《ノ》公孫鞅入《リ》レ秦《ニ》、因《リテ》二嬖人《ノ》景監《ニ》一以《テ》見《エ》、説《クニ》以《テシ》二帝道・王道《ヲ》一、三変《シテ》為《リ》二覇道《ト》一、而後《ニ》及《ブ》二強国之術《ニ》一。

公大《イニ》悦《ビ》、欲《スレドモ》レ変《ゼント》レ法《ヲ》、恐《ル》二天下《ノ》議《センコトヲ》一レ己《ヲ》。鞅曰《ク》、民《ハ》不レ可《カラ》二与《ニ》虞《ル》一レ始《メヲ》、而《シテ》可《シト》二与《ニ》楽《シム》一レ成《ルヲ》。

卒《ニ》定《メ》レ令《ヲ》、令《ム》下民《ヲシテ》為《シ》二什伍《ヲ》一、相収司連坐《セ》上。不《ル》レ告《ゲ》レ姦《ヲ》者《ハ》腰斬《シ》、告《グル》レ姦《ヲ》者《ハ》、与レ

孝公　戦国時代の秦の君主。公孫鞅（のちの商鞅）を信任して大規模な国政改革（商鞅の変法）を行わせ、秦の国力を高めた。

会盟　尊王攘夷を目的として、覇者が諸侯を集めて盟約を結ぶこと。

公孫鞅　衛の庶公子で、法家の思想を持ち、富国強兵の策を説いた。

帝道　五帝の道。堯・舜らが無為にして万民を教化した政道。

王道　三王の道。夏の禹王、殷の湯王、周の文王が仁義道徳をもって万民を教化した政道。

覇道　五覇の道。斉の桓公、晋の文公らが武力をもって諸侯を支配した政道。法家は覇道政治を説く。

什伍　民家十軒を什といい、五軒を伍といい、後者を主な単位として連坐制を施行した。

腰斬　腰を斬って一身を両断する刑。死刑。

斬《ル》レ敵《ヲ》同《ジクシ》レ賞《ヲ》、匿《ス》レ姦《ヲ》者《ハ》、与レ降《ル》レ敵《ニ》同《ジクシ》レ罰《ヲ》、有《ル》二軍功一者《ハ》、各《〻》以《テ》レ率《ヲ》受《ケ》レ爵《ヲ》、為《ス》二私闘《ヲ》一者《ハ》、各《〻》以《テ》レ軽重《ヲ》一被《らル》レ刑《セ》。大小戮《セ》レ力《ヲ》、本二‐業《トシ》耕織《ヲ》一、致《スコト》二粟帛《ヲ》一多《キ》者《ハ》、復《ほくシ》二其《ノ》身《ヲ》一、事《トシ》二末利《ヲ》一、及《ビ》怠《リテ》而貧《シキ》者《ハ》、挙《ゲテ》以《テ》為《ス》二収孥《ト》一。令既《ニ》具《ハルモ》、未《ダ》レ布《カ》。立《テ》二三丈之木《ヲ》於国都《ノ》市《ノ》南門《ニ》一、募《リ》レ民《ヲ》、有《ラバ》下能《ク》徒《ス》二北門《ニ》一者上予《ヘント》二十金《ヲ》一。民怪《シミ》レ之《ヲ》、莫《シ》二敢《テ》徒《スモノ》一。復《タ》曰《ク》、能《ク》徒《ス》者《ニハ》予《ヘント》二五十金《ヲ》一。有《リ》二一人一、徒《ス》レ之《ヲ》。輒《チ》予《フ》二五十金《ヲ》一。乃《チ》下《ス》レ令《ヲ》。太子犯《ス》レ法《ヲ》。鞅曰《ク》、法之不《ルハ》レ行《ハレ》、自《リ》レ上犯《セバナリ》レ之《ヲ》。君《ノ》嗣《ハ》不《ト》レ可《カラ》レ施《ス》レ刑《ヲ》。刑《シ》二其《ノ》傅《ノ》公子虔《ヲ》一、黥《ス》二其《ノ》師《ノ》公孫賈《ヲ》一。秦人皆趨《ク》レ令《ニ》。

行《フコト》レ之《ヲ》十年。道不レ拾《ハ》レ遺《チタルヲ》、山《ニ》無《ク》二

爵　軍功爵。軍功の多寡に応じて、高下が定まる爵位が与えられた。

末利　農業を本とするのに対し、商工業を末とする。末の利益とは、商工業のもうけ。

収孥　収は没収。孥は妻子のこと。妻子を没収して官の奴婢とすることをいう。

市　都市の中で商売が許された地域。人通りが多かった。

有一人　ある人が。

輒　ここでは、すぐさま、という意。

黥　いれずみ。額に入れ墨してその罪を標示すること。五刑の一つ。

盗賊、家〻給《シ》人〻足《リ》、民勇《ニ》於公戦《ニ》、怯《ニ》於私闘《ニ》、郷邑大《イニ》治《マル》。初《メ》言《ヒシ》令《ノ》不便《ヲ》者、来《タリテ》言《フ》令《ノ》便《ヲ》。鞅曰《ク》、皆乱《ル》法《ヲ》之民也《ト》。尽《ク》遷《ス》之《ヲ》辺《ニ》。民莫《シ》敢《テ》議《スルモノ》。令《シテ》民《ニ》父子兄弟《ノ》同室内息《スル》者《ハ》為《シ》禁《ト》、廃《シ》井田《ヲ》、開《キ》阡陌《ヲ》、更《メテ》為《ス》賦税《ノ》法《ヲ》。秦人富強《ナリ》。封《ジ》鞅《ヲ》商・於《ノ》十五邑《ニ》、号《シテ》曰《フ》商君《ト》。孝公薨《ジ》、恵文王立《ツヤ》、公子虔之徒、告《グ》鞅欲《スト》反《セント》。鞅出亡《ス》。欲《ス》止《マラント》客舎《ニ》。舎人曰《ク》、商君之法、舎《スレバ》人《ノ》無《キ》験者《ヲ》坐《スト》之《ニ》。鞅歎《ジテ》曰《ク》、為《ス》法《ヲ》之弊、一《ニ》至《ル》此《ニ》哉《ト》。去《リテ》之《ク》魏《ニ》。魏不《シテ》受《ケ》、内《ル》之《ヲ》秦《ニ》。秦

同室内息者為禁　「内息」とは別に一軒を構えずに同居すること。当時は父子兄弟、家を同じくして居住することが多かったが、秦では、戸数を多くして賦役をふやすため、同居を禁じた。

井田　周代の田制で、耕地を井の字形に九区に分かち、各一区を百畝とし、中央の一区を公田とし、他の八区を私田とした。私田は八家に分与し、公田は八家共同で耕作し、その収穫を租税として官に納めさせたという。

阡陌　田間のあぜみち。南北を阡、東西を陌という。開阡陌は、国有が原則であった井田法を廃止したのち、土地の私有を認めたものとされる。

商・於　今の河南省にあった二邑。

車裂　くるまざきの刑。両手・両足と首とを五頭の馬につなぎ、これを鞭うち狂奔させて五体を引き裂くという、きわめて残酷な刑。

【書き下し】　孝公の時、河山より以東、強国六、小国十余あり。皆 夷狄を以て秦を遇し、擯《しりぞ》けて諸侯の会盟に与《あずか》らしめず。孝公 令を下すに、「賓客・群臣、能く奇計を出だし秦を強くする者有らば、吾 其れ官を尊くし之に分土を与へん」と。衛の公孫鞅 秦に入り、嬖人《へいじん》の景監に因りて以て見え、説くに帝道・王道を以てし、三変して覇道と為り、而る後に強国の術に及ぶ。

公 大いに悦び、法を変ぜんと欲すれども、天下の己を議せんことを恐る。鞅曰く、「民は与《とも》に始めを慮《はか》る可からず、而して与に成るを楽しむ可し」と。

卒《つい》に令を定め、民をして什伍を為し、相 収司連坐せしむ。姦を告げざる者は腰斬し、姦を告ぐる者は、敵を斬ると賞を同じくし、姦を匿す者は、敵に降ると罰を同じくし、軍功有る者は、各〻率を以て爵を受け、私闘を為す者は、各〻軽重を以て刑せらる。大小 力を戮《あわ》せ、耕織を本業とし、粟帛《ぞくはく》を致すこと多き者は、其の身を復《ほく》し、末利を事とし、及び怠《おこた》りて貧しき者は、挙げて以て収孥《しゅうど》と為す。令 既に具《そな》はるも、未だ布かず。三丈の木を国都の市の南門に立て、民を募り、「能く北門に徙す者有らば十金を予《あた》へん」と。民 之を怪しみ、敢て徙すもの莫し。復た曰く、「能く徙す者には五十金を予へん」と。一人有り、之を徙す。輒《すなわ》ち五十金を予ふ。乃ち令を下す。太子 法を犯す。鞅曰く、「法の行はれざるは、上より之を犯せばなり。君の嗣《し》は刑を施す可からず」と。其の傅《ふ》の公子虔を刑し、其の師の公孫賈を黥《げい》す。秦人 皆 令に趨《おもむ》く。

之を行ふこと十年。道 遺《お》ちたるを拾はず、山に盗賊無く、家〻給し人〻足り、民 公戦に勇に、私闘に怯に、郷邑 大いに治まる。初め令の不便を言ひし者、来たりて令の便を言ふ。鞅曰く、「皆 法を乱るの民なり」と。尽く之を辺に遷す。民 敢て議するもの莫し。民に令して、父子兄弟の同室内息する者は禁と為し、井田を廃し、阡陌を開き、更めて賦税の法を為す。秦人 富強なり。鞅を商・於の十五邑に封じ、号して商君と曰ふ。孝公 薨《こう》じ、恵文王 立つや、公子虔の徒、鞅 反せんと欲すと告ぐ。鞅 出亡す。客舎に止まらんと欲す。舎人曰く、「商君の法、人の験無き者を舎すれば之に坐す」と。鞅 歎じて曰く、「法を為すの弊、一に此に至るか」と。去りて魏に之《ゆ》く。魏 受けずして、之を秦に内《い》る。秦人 車裂して以て徇《とな》ふ。

【現代語訳】（秦の）孝公のとき、黄河・華山以東には、強国が六つ、小国が十あまりあった。みな、夷狄（野蛮国）として秦を扱い、排斥して諸侯の会盟（盟いを立てる会合）にも参加させなかった。孝公は（残念がって）令を下し、「他国から来ている客人や臣下たちの中で、すぐれた計画を出して秦を強くする者があれば、吾はその人の官を高くし、領地を分け与えよう」とした。衛の公孫鞅《こうそんえい》は秦に来て、（孝公の）お気に入りの景監《けいかん》の手引きでお目見えをし、帝道と王道を説き、三回目は変えて覇道を説き、そこで富国強兵の術に及んだ。孝公は大いに喜び、法令を変えようと思ったが、人々が非難することを心配した。鞅は、「民というものは、共に物事の始めを相談することはできず、共に成功を楽しませるものです。（ですから民の声など気にされる必要はありません）」といった。

そこで（孝公は）法令を定め、民を五軒と十軒の隣り組に編成し、互いに監督しあって罪を犯す者があれば連坐するようにした。不正を知りながら告発しない者は腰斬の刑に処し、不正を告発した者は敵を斬ることと賞を同じくし、不正をかくした者は敵に降ることと罰を同じにした。戦で手柄のあった者は、それぞれ（功の）差等によって爵を賜わり、個人の怨みで争いをする者は、それぞれ事の軽重によって刑せられた。老幼男女ともども力をあわせ、耕作・機織を本業とし、米や絹を多く納める者は、その身の租税や夫役を免除し、商工業の金もうけに務め、なまけて貧しい者は、検挙してその妻子を官の奴婢とした。法令はできあがっても、まだ発布しなかった。（その前に）高さ三丈の木を、国都の市中の南門に立てて、民に募って、「（この木を）北門に移した者には十金を与えよう」とした。（しかし）民は怪しんで、移す者はなかった。（そこで）ふたたび、「北門に移した者には五十金を与えよう」とした。（すると）一人の者が、それを移した。（鞅は）即座に五十金を与えた。（そののちに什伍の制などの）令を公布した。たまたま太子が令を犯した。鞅は、「法令の行なわれないのは、上の人からこれを犯すからである。（しかし）君の世嗣を罰することはできない」といった。（そして）その守り役の公子虔《こうしけん》を刑し、その師の公孫賈《こうそんか》を墨《いれずみ》の刑に処した。（これを見て）秦の民は皆争って令に従った。

令を行うこと十年、道に落とし物があっても拾わず、山には盗賊がいなくなり、どの家も充ち足り、どの人も満足し、民は国家の戦には勇んで戦うが、個人の争いには臆病になり、城市はとてもよく治まった。当初（新しい）令の不便を非難した者が、わざわざ来て、その便利を讃美した。鞅は「みな令を乱す民である」といって、すべてかれらを国ざかいに遷した。（それにより）民はあえて令を議論しなくなった。（鞅は）民に令して、親子兄弟が一つ家に同居することを禁じ、井田の法を廃し、阡陌を開き、改めて租税の方法を定めた。かくて秦は国が富み兵が強くなった。（孝公は鞅の功を賞し）鞅を商・於《お》以下十五の邑に封建し、号して商君とした。孝公がなくなり、恵文王が位につくと、公子虔の仲間が、「鞅は謀反しようとしています」と告発した。鞅は（秦の国を）逃げ出した。（途中）宿屋に泊まろうとした。宿屋の主人は、「商君の法では、旅券を持たぬ者を泊めると連坐の罪に問われます」と断った。鞅は歎いて、「ああ過酷な法律を作る弊害は、なんとこれ程までになるものか」といった。去って魏の国に行った。魏は受け入れず、鞅を秦に送り届けた。秦人は車裂きの極刑に処して見せしめとした。

解説・鑑賞

●商鞅の変法

戦国時代に入り、前三六一年に孝公《こうこう》が即位すると、秦は強大国へ発展する。孝公の信任を受けた公孫鞅《こうそんおう》（商《しょう》鞅《おう》）が、のちに「商鞅の変法」と称される内政の大改革を断行したためである。

商鞅は、治水灌漑を行い、郡と県を置くことに加え、君主の一族であっても軍功が無ければ爵位を与えない軍《ぐん》功爵《こうしゃく》の制と、農民の累世同居を禁止する分異《ぶんい》の令《れい》により、支配者と被支配者双方の氏族《しぞく》制を積極的に解体した。その後、什伍の制により、人々を伍に組織して、徴税・兵役などの連帯責任を負わせた。これによって、君主が氏族共同体を超えて一人一人を直接支配する専制政治の基礎を作ったのである。

商鞅は分異の令により、氏族制を解体して単婚家族を作り出そうとした。それを新しく獲得した県へ徙民させ、血縁関係のない個別の家々を什伍の制により相互に監視させて、国家の支配に従わせるようにしたのである。こうして被支配者の氏族共同体は、次第に解体されていく。

一方、君主一人に権力を集中するため、軍功爵の制により君主の一族の力を奪おうとした。しかし、これは容易ではなく、孝公の死去とともに商鞅は殺害された。

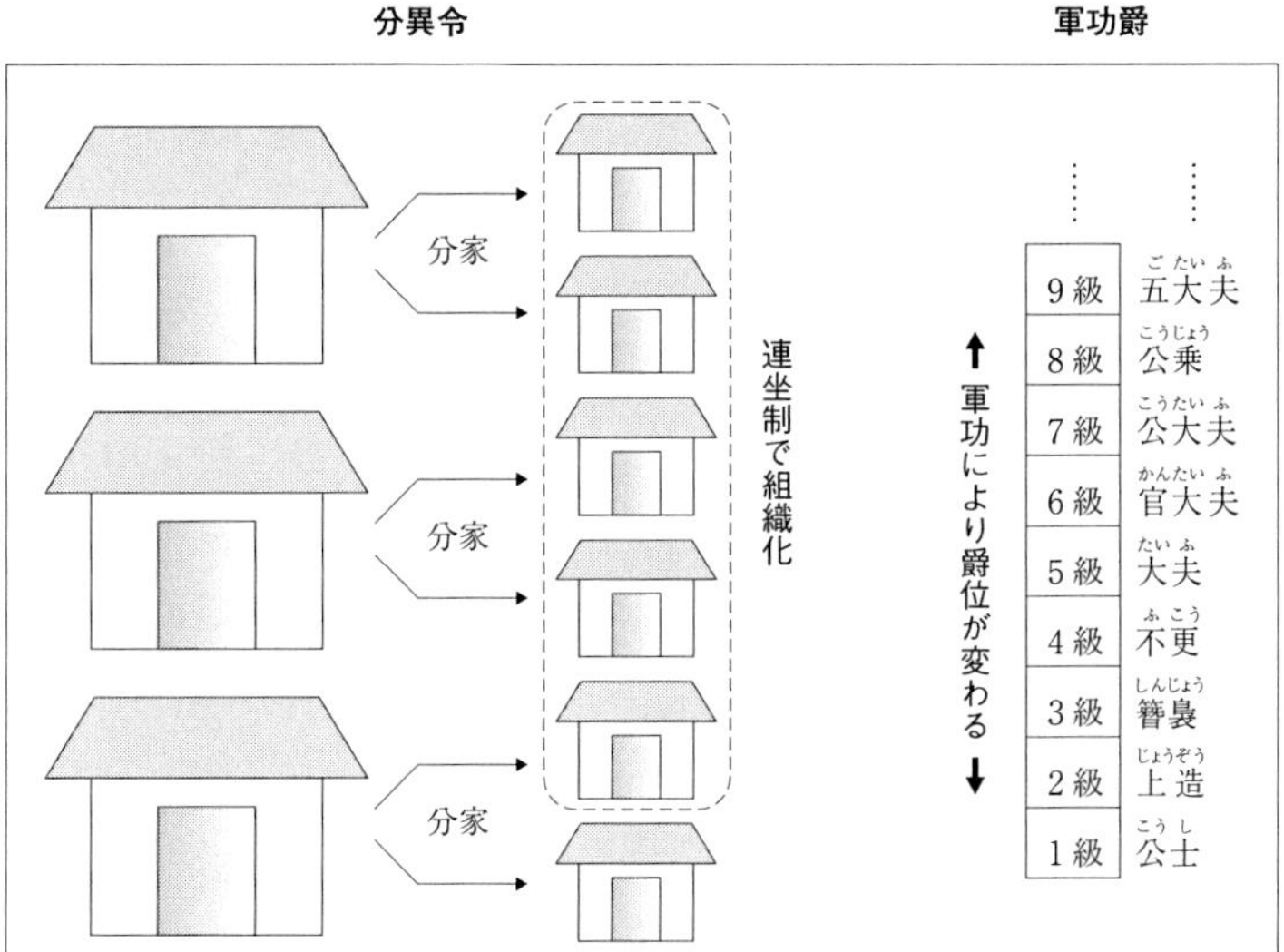

分異令
分家
分家
分家
連坐制で組織化
軍功爵
9級 五大夫《ごたいふ》
8級 公乗《こうじょう》
7級 公大夫《こうたいふ》
6級 官大夫《かんたいふ》
5級 大夫《たいふ》
4級 不更《ふこう》
3級 簪裊《しんじょう》
2級 上造《じょうぞう》
1級 公士《こうし》
軍功により爵位が変わる

商鞅は一族の同居を禁じて単婚家族の析出を目指した。

世襲ではなく、軍功により爵位を附与した。

第三回　睚眥《がいさい》の怨みにむくゆ

昭襄王《ノ》稷立《ツ》。有《リ》魏人《ノ》范睢《トイフ》者。嘗《テ》従《ヒテ》須賈《ニ》使《ス》斉《ニ》。斉王聞《キ》其《ノ》弁口《ヲ》、乃《チ》賜《フ》之《ニ》金及《ビ》牛・酒《ヲ》。賈疑《ヒ》睢《ガ》以《テ》国《ノ》陰事《ヲ》告《ゲシヲ》斉《ニ》、帰《リテ》告《グ》魏《ノ》相《タル》魏斉《ニ》。魏斉怒《リ》、笞撃《シ》睢《ヲ》、折《リ》脅《ヲ》拉《くだク》歯《ヲ》。睢佯《リ》死《ス》。巻《クニ》以《テシ》簀《ヲ》、置《キ》厠中《ニ》、使《メ》酔客《ヲシテ》更《ゞ》溺《セ》之《ニ》、以《テ》懲《ラス》後《ヲ》。睢告《ゲテ》守者《ニ》得《タリ》出《ヅルヲ》、更《メテ》姓名《ヲ》曰《フ》張禄《ト》。秦《ノ》使者《タル》王稽至《リ》魏《ニ》、潜《カニ》載《セテ》与《ニ》帰《リ》、薦《メテ》于昭襄王《ニ》、以《テ》為《ス》客卿《ト》。教《フルニ》以《テス》遠交近攻之策《ヲ》。時《ニ》穰侯《ノ》魏冉用《フ》事《ヲ》。睢説《キテ》王《ニ》廃《セシメ》之《ヲ》、而《シテ》代《ハリテ》為《リ》丞相《ト》、号《ス》応侯《ト》。魏使《ム》須賈《ヲシテ》聘《セ》秦《ニ》。睢敝衣間

昭襄王　秦の昭王（在位、前三〇七～前二五一年）。諸国の合縦策に対して、范睢の遠交近攻で対抗した。

范睢　魏の人。魏で殺されかけた怨みを秦の丞相となった後に報復した。

客卿　他国から来て仕え、大臣の位にある者。

遠交近攻　遠い国と親しく交わり、近い国を攻めること。ここでは秦が自国とは遠い斉・楚と交わり、近い韓・魏・趙を攻めること。

丞相　国の最高行政官。

敝衣　そまつな衣服。

間歩　忍んで行くこと。

歩《シ》、往《キテ》見《ル》レ之《ヲ》。
賈驚《キテ》曰《ク》、范叔固《まことニ》無《キ》レ恙乎《ト》。留《マリ》坐《シテ》
飲食《セシメ》、曰《ク》、范叔、一寒如《キ》レ此《クノ》哉《ト》。取《リテ》二一
綈袍《ヲ》一贈《ル》レ之《ニ》。遂《ニ》為《ニ》レ賈《ノ》御《シテ》至《リ》二相府《ニ》一、曰《ク》、
我為《ニ》レ君《ノ》先《ヅ》入《リテ》通《ゼント》二于相君《ニ》一。賈見《テ》二其《ノ》
久《シク》不《ルヲ》レ出《デ》、問《フ》二門下《ニ》一。門下曰《ク》、無《シ》二范叔一。
郷《ノ》者《ハ》吾《ガ》相《ノ》張君也《ト》。賈知《リ》レ見《ヲ》レ欺《カレタ》、乃《チ》
膝行《シテ》入《リテ》謝《ス》レ罪《ヲ》。睢坐《シテ》責二譲《シテ》之《ヲ》一曰《ク》、爾《ガ》
所二以《ノ》得《ル》レ不《ルヲ》レ死《セ》者《ハ》、以《テ》三綈袍恋恋《トシテ》尚《ホ》
有《ルヲ》二故人之意一爾《ト》。乃《チ》大《イニ》供具《シ》、請《ヒ》二諸
侯《ノ》賓客《ヲ》一、置《キテ》二莝豆《ヲ》其《ノ》前《ニ》一而馬二食《セシメ》之《ヲ》一、
使《メテ》三帰《リテ》告《ゲ》二魏王《ニ》一曰《ク》、速《カニ》斬《リ》二魏斉《ノ》頭《ヲ》一来《レ》。
不《ンバ》レ然《ラ》、且《ニ》レ屠《ラント》二大梁《ヲ》一。賈帰《リテ》告《グ》二魏斉《ニ》一。魏
斉出《デ》走《リテ》而死《ス》。睢既《ニ》得二志《ヲ》于秦《ニ》一、一

一寒　着る着物がなくて寒いという意から、貧乏のこと。

相府　丞相府。丞相の張禄、つまり范睢が開いていた幕府。

責譲　せめる。責も譲もせめるの意。

恋恋　なつかしいさま。

供具　酒食の用意をすること。

莝豆　莝は短く切ったワラ。それに豆をまぜたもので、馬に食わせるカイバ。

大梁　魏の都。今の河南省にある。

飯之徳《モ》必《ズ》償《ヒ》、睚眥之怨《ミモ》必《ズ》報《イタリ》。

睚眥 睚も眥もにらむの意。怒って目かどを立ててにらみ合うこと。

【書き下し】 昭襄王の稷立つ。魏人の范雎といふ者有り。嘗て須賈に従ひて斉に使す。斉王 其の弁口を聞き、乃ち之に金及び牛・酒を賜ふ。賈 雎が国の陰事を以て斉に告げしを疑ひ、帰りて魏の相たる魏斉に告ぐ。魏斉 怒り、雎を笞撃し、脅《むね》を折り歯を拉《くだ》く。雎、佯《いつわ》り死す。巻くに簀を以てし、厠中《しちゅう》に置き、酔客をして更ゝ《こも》之に溺《ゆばり》せしめ、以て後を懲らす。雎 守者に告げて出づるを得、姓名を更めて張禄と曰ふ。秦の使者たる王稽 魏に至り、潜かに載せて与《とも》に帰り、昭襄王に薦めて、以て客卿と為す。教ふるに遠交近攻の策を以てす。時に穣侯の魏冉、事を用ふ。雎 王に説きて之を廃せしめ、而して代はりて丞相と為り、応侯と号す。魏 須賈をして秦に聘《へい》せしむ。雎 敝衣間歩《へいいかんぽ》し、往きて之を見る。賈 驚きて曰く、「范叔 固《まこと》に恙《つつが》無きか」と。留まり坐して飲食せしめ、曰く、「范叔、一寒此くの如きか」と。一綈袍《ていほう》を取りて之に贈る。遂に賈の為に御して相府に至り、曰く、「我 君の為に先づ入りて相君に通ぜん」と。賈 其の久しく出でざるを見て、門下に問ふ。門下曰く、「范叔無し。郷の者は吾が相の張君なり」と。賈 欺かれたるを知り、乃ち膝行して入りて罪を謝す。雎 坐して之を責譲して曰く、「爾《なんぢ》が死せざるを得る所以の者は、綈袍恋恋として尚ほ故人の意有るを以てのみ」と。乃ち大いに供具し、諸侯の賓客を請ひ、莝豆を其の前に置きて之を馬食せしめ、帰りて魏王に告げしめて曰く、「速かに魏斉の頭を斬り来れ。然らずんば且《まさ》に大梁を屠《ほふ》らんとす」と。賈 帰りて魏斉に告ぐ。魏斉 出で走りて死す。雎 既に志を秦に得、一飯の徳も必ず償ひ、睚眥《がいさい》の怨みも必ず報いたり。

【現代語訳】 昭襄《しょうじょう》王の稷《しょく》が（秦王の）位についた。（そのとき）魏の人で范雎《はんすい》という者がいた。かつて魏の（大夫の）須賈《しゅか》について斉に使者となった。斉王は雎の弁舌を聞いて（感心し）、そこで金と牛肉・酒を賜わった。須賈は雎が魏の秘密を斉へ告げたのではないかと疑って、帰ると魏の宰相である魏斉《ぎせい》に告げた。魏斉は怒って、雎をむちうち、肋骨を折り、歯をくだいた。雎は死んだふりをした。魏斉は雎を簀《すのこ》で巻いて、便所の中に置き、酒に酔った客にかわるがわる小便をかけさせ、今後のみせしめとした。雎は番人に告げて逃げ出すことができ、姓名を改めて張禄《ちょうろく》とした。秦の使者である王稽が魏に来ると、こっそり車に載せて一緒に帰り、昭襄王に推薦して、客卿とした。（范雎は秦王に）遠交近攻の策を教えた。このとき（秦では）

穰侯《じょうこう》の魏冄《ぎぜん》が政事を執っていた。睢は王に説いて魏冄をやめさせ、その代わりに自分が丞相となり、（応に領地を賜わって）応侯と号した。（やがて）魏は須賈を国使として秦を訪問させた。睢はわざと破れた着物を着て人目につかないように忍んで行き、須賈に面会した。

　須賈は驚いて、「范叔よ、お前ほんとに無事であったのか」といった。引き留めて坐らせ、飲食をさせ、「范叔よ、お前は寒そうだが、こんなにも貧乏なのか」といった。そこで一枚の厚い絹の綿入れを取り出して贈った。やがて睢は須賈のため馬車を御して丞相府に至って、「我が貴君のためにまず入って丞相さまにお取り次ぎしましょう」といった。須賈はいつまでたっても出てこないのを見て、不審に思い門番に尋ねた。門番は、「范叔などという人はおりません。先刻お入りになったのは、わが丞相の張禄さまです」と答えた。須賈はだまされたことに気づき、そこで膝でにじり歩いて邸内に入って罪をわびた。睢は坐ったまま須賈を責めて、「お前が殺されずにすんだわけは、あの綿入れを恵んでくれた心がいかにも懐かしく今もなお昔なじみの心持ちが残っていたからだ」といった。そこで大いにご馳走の用意をし、諸侯からの使者を招待し、須賈の前には切りわらや豆を入れたカイバを置いて、馬のように四つばいになって食べさせた。帰って魏王に告げさせ、「即座に魏斉の首を斬って持ってこい。そうでなければ、大梁の都を皆殺しにするぞ」といった。須賈は帰って魏斉に告げた。魏斉は恐れて逃げ出して死んだ。睢は秦で成功したのち、かつて飯一杯振舞われたほどの少しの恩恵にも必ず返礼し、ちょっとにらみ合ったほどの少しの怨みにも必ず報復した。

戦国の七雄

解説・鑑賞

●秦台頭の理由

春秋末期から戦国にかけて、秦が急速に発展した理由は、一つには、騎馬戦術をいち早く導入したことをあげられる。騎馬戦術は元来、中国にはなかったもので、それは西方異民族の戦術であった。秦は建国当初から西方に位置し、また異民族との交戦を経ることにより、中原諸国に先んじてこの軽装騎兵による戦闘方法を輸入したのである。始皇帝陵の東、臨潼《りんどう》県で発掘された秦の兵馬《へいば》俑《よう》は、軽装騎馬の軍隊のあり方を今日に伝えている。

二つには、秦が積極的に他国から移ってきた者を受け入れ、積極的に内政外交に登用したことをあげられる。穆公《ぼくこう》の登用した百里奚《ひゃくりけい》と蹇叔《けんしゅく》、孝公《こうこう》を支えた商鞅《しょうおう》、本章で扱った范雎《はんすい》は、すべて他国の出身者である。中国統一の直前には、逐客令《ちくきゃくれい》（外国人追放令）も出されたが、それに反対した李斯《りし》の意見書には、秦が他国出身者の功績により発展してきた様子が詳述されている。

三つ目の、そして最も大きな要因は、秦が春秋・戦国時代の社会変動の中で、殷・周の基盤であった氏族《しぞく》制社会から脱皮して、新しい国家体制を築きあげたことである。周王朝は一族・功臣を諸侯として各地に分封し、その地域の氏族の支配を世襲的に行わせる封建制という支配体制を取っていた。それは、支配者のみならず被支配者も血縁関係によって結ばれていた氏族制を基盤とする社会に適した体制であった。

ところが、春秋・戦国時代には、氏族制が大きく動揺する。春秋末期から鉄製農具の出現、牛耕の発達により開墾地が拡大し、小家族単位の農業が可能になるにしたがって、氏族制による共同体は崩壊を始める。一方、支配者である諸侯、およびその臣下においても、春秋期から始まった抗争によって、かれらが基盤とした氏族結合が解体され、氏族構成員は拡散し、中には有力者（のちの戦国七雄）のもとに賓客として身を寄せる者も現れる。有力者は、これらの賓客に軍隊の指揮、地方の統治を任せ、新しい開拓地を建設する一方、氏族結合から離脱してきた農民に農具を支給し、また彼らを軍隊に編制した。そこに新しい官僚群の上に立つ、強権を持った君主が登場し、これまでの封建諸侯国とは異質の秦漢中央集権国家が誕生することになるのである。

商鞅の変法は、氏族制・封建制からの脱却を分異《ぶんい》の令と軍功爵《ぐんこうしゃく》の制で積極的に進めたものである。また、秦が登用した他国からの亡命者は、氏族制から離脱してきた者にほかならない。氏族制解体期において、各諸侯国も、それぞれに自己改革を進めたが、なかでも秦は最も早く、最も徹底して氏族制からの脱皮を成し遂げた。これが統一秦帝国を生む大きな要因となったのである。

その際、秦が他の有力諸侯国に比べて文化的には後進国であったことは、逆に改革を速やかにさせ、その改革の理念となった法家思想の運用を容易にさせた。

それでも秦以外の「戦国の七雄」もまた、さまざまな手段を用いて、秦に対抗していく。

〔地下から出土した秦の法律〕

一九七五年、湖北省雲夢県で秦代の墓が発掘され、竹簡一〇〇〇枚余が出土した。内容は法律の抜き書き、その解説書、官吏の心得といった法律関係の書がほとんどであった。被葬者は、「治獄」という県の司法官であったらしい。非常に苛酷であると言われていた秦の法律は、編纂史料としては散逸してしまい、長い間その具体像が不明であった。雲夢秦簡の発見は、秦律の具体像を明らかにする貴重な発見で、そこには秦の厳しい法治を見ることができる。

甲、居を徙《うつ》し、数を徙すを吏に謁《もと》む。吏、環《しりぞ》けて更籍を為さず。今、甲、耐・貲《し》の罪あらば、吏に何に論ずるかを問ふ。耐以上ならば、貲二更に当つ。

（『睡虎地秦墓竹簡』北京　文物出版社）

【注】　これは「法律問答」と呼ばれている部分の記述で、ある犯罪がいかなる罪にあたるかの判例を示したものである。ここでは、戸籍を偽造する罪が重く罰せられていることを理解でき、秦王朝がいかに厳格に戸籍の把握を行おうとしていたのかを見ることができる。

第四回　刎頸《ふんけい》の交わり

趙王、以《テ》相如《ヲ》為《ス》上卿《ト》。在《リ》廉頗《ノ》右《ニ》。頗曰《ク》、我為《リ》趙《ノ》将《ト》、有《リ》攻城野戦之功。相如素賤人《ナリ》。徒《ダ》以《テ》口舌《ヲ》居《ル》我上《ニ》。吾羞《ヅ》為《ルヲ》之《ガ》下《ニ》。我見《バ》相如《ヲ》、必《ズ》辱《カシメント》之《ヲ》。相如聞《キ》之《ヲ》、毎《ニ》朝《スル》常《ニ》称《シ》病《ト》、不欲《セ》与《ニ》争《フヲ》列《ヲ》。出《デテ》望《ミ》見《レバ》、輒《チ》引《キテ》車《ヲ》避《ケ》匿《ル》。其《ノ》舎人、皆以《テ》為《ス》恥《ト》。相如曰《ク》、夫《レ》以《テスラ》秦之威《ヲ》、相如廷叱《シテ》之《ヲ》、辱《カシム》其《ノ》群臣《ヲ》。相如雖《モ》駑《ナリト》、独畏《レン》廉将軍《ヲ》哉。顧念《スルニ》強秦《ノ》不《ル》敢《テ》加《ヘ》兵《ヲ》於趙《ニ》者《ハ》、徒《ダ》以《テ》吾《ガ》両人《ノ》在《ルヲ》也。今両虎共《ニ》闘《ハバ》、其《ノ》勢不倶《ニ》生《キ》。吾《ノ》所以《ノ》為《ス》此《ヲ》者《ハ》、先《ニシテ》国家

趙王　ここでは趙の恵文王をさす。

上卿　藺相如は、澠《めん》池の会で、秦に対して趙の名誉を守る功績があった。

廉頗　これまで趙の将として多くの戦で活躍していた。

右　中国では右を上とする。栄転の反対を左遷というのは、そのためである。

朝　朝廷に参内すること。

舎人　左右の近臣。

廷叱　群臣の居並ぶ朝廷で叱りつけること。澠池《めんち》の会で秦王に缶《ふ》（ほとぎ、打楽器）を打たせたことをさす。

両虎　藺相如と廉頗のこと。

其勢　その自然のなりゆき。

不倶生　双方揃って生きるということはないという意。

之急《ヲ》一、而後《ニスル》二私讐《ヲ》一也《ト》。頗聞《キ》レ之《ヲ》、肉袒《シテ》
負《ヒ》レ荊《ヲ》、詣《ツテ》レ門《ニ》謝《シ》レ罪《ヲ》、遂《ニ》為《ス》二刎頸之交《ハリヲ》一。
　恵文王《ノ》子《タル》孝成王立《ツ》。秦伐《ツ》レ韓《ヲ》。
韓《ノ》上党降《ル》二於趙《ニ》一。秦攻《ム》レ趙《ヲ》。廉頗軍《シ》二
長平《ニ》一、堅《クシテ》レ壁《ヲ》不レ出《デ》。秦人行《ヒテ》二千金《ヲ》一為《シテ》二
反間《ヲ》一曰《ク》、秦独《リ》畏《ルル》二馬服君趙奢之
子《タル》括《ノ》為《ルヲ》一レ将《ト》耳《ト》。王使《ム》二括《ヲシテ》代《ラ》一レ頗《ニ》。相如
曰《ク》、王以《テ》レ名《ヲ》使《フ》レ括《ヲ》。若《キ》二膠《シテ》レ柱《ことぢニ》鼓《スルガ》一レ瑟《ヲ》
耳。括徒《ラニ》能《ク》読《ミテ》二其《ノ》父《ノ》書《ヲ》一、不《ル》レ知《ラ》レ合《フヲ》レ変《ニ》
也《ト》。王不レ聴《カ》。括少《クシテ》学《ビ》二兵法《ヲ》一、以《ヘラク》天下《ニ》
莫《シト》二能《ク》当《ルモノ》一。与二父《ノ》奢一言《フモ》、不レ能《ハ》レ難《ズルコト》。然《レドモ》
不二以《テ》為《サ》一レ然《リト》。括《ノ》母問《フ》レ故《ヲ》。奢曰《ク》、兵《ハ》死
地也。而《シテ》括易《ク》言《フ》レ之《ヲ》。趙若《シ》将《トセバ》レ括《ヲ》、必《ズ》
破《ラント》二趙《ノ》軍《ヲ》一。及《ビ》二括《ノ》将《ニ》《ルニ》一レ行《カント》、其《ノ》母上書《シテ》言《フ》、

肉袒　肌をぬいで肉体をあらわすこと。

負荊　いばらの鞭を背に負って、これで打ってくれと、謝罪する意。

刎頸之交　その人のためには自分の頸を刎ねても惜しくないという、極めて親しい交わりのこと。死生を共にするほどの堅い交わり。

上党　韓の郡名。今の山西省の地。

長平　趙の地名。今の山西省の地。

馬服君趙奢　馬服君は恵文王から賜わった称号。奢は趙の名将であった。

膠柱鼓瑟　柱はコトヂ。これを適切に動かして音の高低を整えるが、それを膠《にかわ》づけにして瑟を弾いても、いつも同じ音しか出ない。趙括の兵法には臨機応変の妙用がなく、実戦の役に立たないことを譬える。

以　ここでは、以為に同じ。思うのに。考えるには。

括不レ可レ使。括至レ軍。果為三秦将白起所二射殺一。卒四十万皆降、坑二於長平一。

白起　秦の将軍。昭王に仕え、韓・魏・趙・楚を破り、武安君に封ぜられた。

坑　穴埋めにされる。

【書き下し】　趙王　相如を以て上卿と為す。廉頗の右に在り。頗曰く、「我　趙の将と為り、攻城野戦の功有り。相如は素《もと》賤人なり。徒《た》だ口舌を以て、我が上に居る。吾　之が下為《た》るを羞づ。我　相如を見ば、必ず之を辱かしめん」と。相如　之を聞き、朝する毎に常に病と称し、与《とも》に列を争ふを欲せず。出でて望み見れば、輒ち車を引きて避け匿る。其の舎人、皆　以て恥と為す。相如曰く、「夫《そ》れ秦の威を以てすら、相如　之を廷叱して、其の群臣を辱かしむ。相如　駑なりと雖も、独り廉将軍を畏れんや。顧念するに強秦の敢て兵を趙に加へざる者は、徒だ吾が両人の在るを以てなり。今　両虎　共に闘はば、其の勢　倶《とも》に生きず。吾の此を為す所以の者は、国家の急を先にして、私讐を後にするなり」と。頗　之を聞き、肉袒《にくたん》して荊《けい》を負《お》ひ、門に詣《いた》りて罪を謝し、遂に刎頸《ふんけい》の交はりを為す。

恵文王の子たる孝成王　立つ。秦　韓を伐つ。韓の上党　趙に降る。秦　趙を攻む。廉頗　長平に軍し、壁を堅くして出でず。秦人　千金を行ひて反間《はんかん》を為して曰く、「秦　独り馬服君趙奢の子たる括の将と為るを畏るるのみ」と。王　括をして頗に代らしむ。相如曰く、「王　名を以て括を使ふ。柱《ことぢ》に膠して瑟を鼓《こ》するが若《ごと》きのみ。括　徒《いたず》らに能く其の父の書を読みて、変に合《かな》ふを知らざるなり」と。王　聴かず。括　少《わか》くして兵法を学び、以《おも》へらく天下に能く当るもの莫し、と。父の奢と言ふも、難ずること能はず。然れども以て然りと為さず。括の母　故を問ふ。奢曰く、「兵は死地なり。而して括　易く之を言ふ。趙　若《も》し括を将とせば、必ず趙の軍を破らん」と。括の将に行かんとするに及び、其の母　上書して言ふ、「括　使ふ可からず」と。括　軍に至る。果たして秦の将たる白起の射殺する所と為る。卒四十万　皆降り、長平に坑《あなうめ》にせらる。

【現代語訳】　趙の恵文王は藺相如《しょうじょ》を上卿《じょうけい》に抜擢した。（その地位は古参の将）廉頗《れんぱ》の上にあった。廉頗は、「わしは趙の将軍となって、城を攻め野に戦った功績がある。（ところが）相如はもともと賤しい身分の男である。ただ口先だけで、わが上席となった。わしはこれの下位に立つことを恥じる。もし相如に出会ったら、必ず辱かしめてやろう」といった。相如はそれを聞いて、朝廷の参内のたび、病気と称して、（廉頗と）席次を争わなかった。外出しても（廉頗が）遠くから来るのを見ると、その度ごとに車を引き返して避け隠れた。相如の従者は皆それを恥かしく思った。相如は、「そもそも秦王の威力にさえ屈せず、わしは朝廷で秦王を呶鳴りつけ、秦の群臣を辱かしめた。わしはつまらぬ男ではあるが、廉将軍ぐらいを畏れるものではない。しかしよく考えると強国の秦がわが趙に兵を加えられないのは、ただわしら二人がいるためである。今二匹の虎が共に戦ったら、その結果は両方とも無事ではない。わしが廉将軍を避けているわけは、国家の危急を先にして、個人の怨みを後廻しにしているからだ」といった。廉頗はこれを伝え聞いて、肌ぬぎになって荊の鞭を背負い、相如の家を訪れて罪を詫び、こうして二人は死生を誓う深い交わりを結んだ。

趙の恵文王の子である孝成王が位についた。（時に）秦が韓を伐った。韓の上党郡が趙に降った。そこで秦は趙を攻めた。趙の大将の廉頗は長平に陣取り、城壁を堅固にして戦わなかった。すると秦は多くの金を使って離間策を取って、「秦はただ馬服君趙奢《ちょうしゃ》の子の趙括が、大将となることを畏れるだけだ」といわせた。（それを信じた）趙王は、趙括を廉頗と交代させようとした。相如が趙王を諫めて言った、「わが君には評判だけで趙括をお使いになります。（彼の兵法はまるで）柱《ことじ》に膠《にかわ》をつけて瑟《しつ》を弾くようなものです。括はただ父の兵書を読むだけで、機に臨み変に応ずるすべを知りません」と。（しかし）王は聴き入れなかった。括は少年のころから兵法を学び、「天下におれに敵するものはない」と自惚れていた。父の奢と兵法を論じても、（父が）論難できないほどであった。しかし、（父は）よしとは認めなかった。括の母が、そのわけを尋ねると、奢は言った、「戦いは、死生に関する重大な場所である。しかし括は事もなげに言っている。趙がもし括を大将に任じたら、きっとわが趙の軍を敗戦に導くであろう」と。括が大将に任命されて出発しようとするにあたり、括の母は書簡を趙王に奉って、「括は使ってはなりません」といった。括が（長平の）軍に赴任した。果たして秦の大将である白起のために射殺され、四十万の兵卒は残らず秦に降参し、長平で生き埋めにされた。

解説・鑑賞

●完璧

趙《ちょう》の宝物「和氏《かし》の璧《へき》」を奪うため、秦《しん》は趙に十五城との交換を申し入れた。趙の恵文王《けいぶんおう》は、その交渉の使者として藺相如《りんしょうじょ》を抜擢する。

「璧を完《まっと》うして帰る」ことを約束した藺相如は、秦都咸陽《かんよう》で秦の昭襄王《しょうじょうおう》と対面する。和氏の璧を渡すと、寵姫や群臣に見せびらかし、城の話をする気配が無い昭襄王の態度に、城を渡す気がないと判断した藺相如は、「実は小さい傷があるのです。このあたりに」と近寄ると璧を奪い取り、柱の側へ駆け寄った。そして、冠を突き上げるほどに髪を逆立てた怒りの形相で、「趙では疑う意見が多かったが、趙王は秦を信じ、五日間身を清め和氏の璧を渡された。この信義に対し、秦王はあまりにも非礼である。もはや璧も自分の頭もこの柱で叩き割る」と宣言した。あわてた昭襄王が地図で十五城を指定しても、それが上辺だけであると判断した藺相如は、昭襄王にも、五日間身を清めるよう要求する。

五日後、藺相如は、和氏の璧を趙へ持ち帰ったこと、先に十五城を渡せば趙は璧を惜しまないこと、無礼の償いに死罪を賜りたいことを昭襄王に告げる。藺相如の剛胆さに感嘆した昭襄王は、「殺したところで何も得られず、趙の恨みを買うだけである」とこれを許し、璧も城も共に渡さないということで定まり、藺相如も饗宴の後に無事帰国した。

趙では、恵文王が秦から帰って来る藺相如の遺体を国葬で迎えようと準備していたが、生きて帰ってきたことをたいへん喜んだ。恵文王が藺相如を上卿としたのは、このためであった。

●長平の戦い

趙の滅亡を決定づけた前二六〇年の戦い。はじめ、趙は廉頗《れんぱ》が固く守って戦わず、攻めあぐねた秦軍は、反間により流言をはやらせ、将を趙括《ちょうかつ》に代えることで大勝する。ただし、趙軍を大破した秦の将である白起《はっき》は、その昇進を恐れた范雎《はんすい》のため弾劾され、自殺した。

第五回　奇貨 居くべし

秦《ノ》始皇帝名《ハ》政、始《メ》生《ル》于邯鄲《ニ》。昭襄王《ノ》時、孝文王《ノ》柱為《リ》太子。有《リ》庶子《ノ》楚、為《ル》質《ト》于趙《ニ》。陽翟《ノ》大賈《タル》呂不韋適《キ》趙《ニ》、見《テ》之《ヲ》曰《ク》、此奇貨《ナリ》。可《シト》居《ク》。乃《チ》適《キ》秦《ニ》、因《リテ》太子《ノ》妃《タル》華陽夫人之姉《ニ》、以《テ》説《キ》妃《ニ》、立《テテ》楚《ヲ》為《ス》適嗣《ト》。不韋因《リテ》納《ル》邯鄲《ノ》美姫《ヲ》。有《ルモ》娠《メル》而献《ズ》于楚《ニ》。生《ム》政《ヲ》。実《ハ》呂氏《ナリ》。孝文王立《ツモ》、三日《ニシテ》而薨《ズ》。楚立《ツ》。是《レ》為《リ》荘襄王。四年《ニシテ》薨《ズ》。政生《レテ》十三歳《ナリ》矣。遂《ニ》立《チテ》為《ル》王《ト》。母《ヲ》為《ス》太后《ト》。不韋在《リテ》荘襄王《ノ》時《ニ》、已《ニ》為《リシガ》秦《ノ》相国、至《リ》是《ニ》封《ゼラル》文信侯《ニ》。太后復《タ》与不韋

邯鄲　地名。趙の首都であった。
庶子　めかけ腹の子。
楚　『史記』では、「子楚」とされ、そちらが正しい。『十八史略』は「庶子」の子と重複するため「子楚」の子が脱落したのであろう。
陽翟　地名。今の河南省にあった。
大賈　大商人。
奇貨可居　これは珍しい品物であるから、手に入れて蓄えておいたらよい。きっと大儲けになるだろうの意
適嗣　正式なあとつぎ。
実　ここでは、実の父親。
荘襄王　秦王。趙に人質となっていたが、呂不韋の財力で適嗣となった。始皇帝の父。
母　呂不韋の囲っていた美姫で、楚に献上されて政を生んだ。
相国　官名。百官を率い、天子を助ける宰相。

通ズ。王既ニ長ズ。不韋事覚ハレテ自殺ス。太后廃セラレ処リシガ二別宮一ニ、茅焦諫メテ、母子乃チ復タ如レシ初メノ。

事　ここでは、太后と密通していたこと。

茅焦　斉の人。当時秦に臣となっていた。

【書き下し】　秦の始皇帝名は政、始め邯鄲に生る。昭襄王の時、孝文王の柱　太子為《た》り。庶子《しょし》の楚有り、趙に質《ち》と為る。陽翟の大賈《たいこ》たる呂不韋　趙に適《ゆ》き、之を見て曰く、「此れ奇貨なり。居く可し」と。乃ち秦に適き、太子の妃《き》たる華陽夫人の姉に因りて、以て妃に説き、楚を立てて、適嗣《てきし》と為す。不韋　因りて邯鄲の美姫を納《い》る。娠《はら》める有るも楚に献ず。政を生む。実は呂氏なり。孝文王　立つも、三日にして薨ず。楚立つ。是れ荘襄王為り。四年にして薨ず。政　生れて十三歳なり。遂に立ちて王と為る。母を太后と為す。不韋　荘襄王の時に在りて、已に秦の相国《しょうこく》たりしが、是に至りて文信侯に封ぜらる。太后　復た不韋と通ず。王　既に長ず。不韋　事　覚《あら》はれて自殺す。太后　廃せられ別宮に処りしが、茅焦　諫めて、母子　乃ち復た初めの如し。

【現代語訳】　秦の始皇帝は名は政といい、はじめ邯鄲《かんたん》で生まれた。昭襄王《しょうじょうおう》の時、孝文王《こうぶんおう》の柱《ちゅう》が太子であった。（また、昭襄王には）妾腹の子で楚《そ》というものがあり、（秦と趙との同盟の証として）趙の（邯鄲で）人質となっていた。陽翟《ようてき》の大商人である呂不韋《りょふい》は趙に行き、楚を見て、「これは珍しい代物《しろもの》である。手に入れておこう」といった。そこで秦に行き、太子の妃である華陽《かよう》夫人の姉にたのんで、夫人に説き、楚を立てて後継ぎとした。呂不韋はそこで趙の邯鄲の美姫《びき》を囲った。（楚が美姫を求めたため）孕んでいるのに、（それを隠して）楚に献じた。（美姫は）政を生んだ。（したがって政の）実（の父）は呂不韋である。孝文王が即位したが、三日でなくなった。楚が即位した。これが荘襄王《そうじょうおう》である。四年でなくなった。（このとき）政は生まれて十三歳であった。こうして立って王となった。（呂不韋の囲っていた美姫で、楚に献上されて政を生んだ）母を尊んで太后《たいこう》とした。不韋は荘襄王の時から、すでに秦の宰相となっていたが、この時になって文信侯《ぶんしんこう》に封ぜられた。太后は再び不韋と密通した。（秦王）政は成人となった。（そのころ）不韋は（太后との）密通が発覚して自殺した。太后も廃位されて別の宮殿にいたが、茅焦《ぼうしょう》が諫めて、母子の関係がもと通りとなった。

解説・鑑賞

●始皇帝出生伝説

『史記』は、始皇帝の実父を呂不韋とするが、中国の郭沫若《かくまつじゃく》は『十批判書』(『郭沫若全集』歴史篇第二巻、邦訳は『中国古代の思想家たち』上・下、岩波書店、一九五三・一九五七年)の「呂不韋と秦王政」の章で、これを伝説とする。

郭沫若は、この説が『史記』に見えるだけで、呂不韋と子楚(『十八史略』では楚)をしばしば取りあげている『戦国策《せんごくさく》』には見えないことを重視する。近年の出土資料の研究により、『戦国策』と『史記』は、同系統の資料に依拠していることが明らかになってきており、郭の主張を補強することができる。

そして、郭は、始皇帝と呂不韋の伝説は、『戦国策』の楚策《そさく》や『史記』の春申君《しゅんしんくん》列伝にある春申君と李園《りえん》の妹の物語と同工異曲で、筋書きが小説的である、という。春申君と李園の妹の物語とは、次のようなものである。

前三世紀半ば、楚の考烈王には男子がなく、宰相の春申君は次々と女性を後宮に送り込んだが、世継ぎは生まれない。そうしたとき、趙から楚にやって来た李園という男がいた。かれには美貌の妹がおり、彼女を楚王の後宮に送ろうと考えたが、子が生まれるかは疑問である。そこで李園は、春申君に仕えて妹と会わせた。春申君は彼女を寵愛し、彼女は妊娠した。李園は妹の妊娠を確認すると、妹を考烈王の後宮に送り込むよう春申君を説得する。李園の妹はかくて考烈王の後宮に入り、男子を産み后となった。しかし、考烈王の死後、実子がまさに楚王に即位する直前、春申君は李園の刺客に殺害されたという物語である。

『史記』が漢帝国を賛美する目的を持って著された書籍であること、漢にとって秦は否定すべき国家であったことを考えると、司馬遷が始皇帝を貶めるためにあえて不確実な伝説を収録した可能性は高いと言えよう。

第六回　逐客令

秦宗室・大臣議曰、諸侯人来仕者、皆為其主游説耳。請一切逐之。於是大索逐客。客卿李斯上書曰、昔穆公取由余於戎、得百里奚於宛、迎蹇叔於宋、求丕豹・公孫枝於晋、幷国二十、遂覇西戎。孝公用商鞅之法、諸侯親服、至今治強。恵王用張儀之計、散六国之従、使之事秦。昭王得范雎、強公室。此四君者、皆以客之功。客何負於秦哉。泰山不譲土壌、故大。河海不択細流、故

宗室　君主の一族。

客　他国から来ているもの。よそもの。

客卿　他国から来て大臣となっているもの。

李斯　もと楚の人であるが、秦の丞相となって辣腕をふるい、後に讒言に遇い斬罪に処せられた。

穆公　繆公に同じ。

由余　もと晉の人で戎に入ったのち、戎からの使者として穆公にまみえ、そのまま秦に仕えた。戎を討ち、穆公を「西戎の覇者」とした。

蹇叔　もと岐州の人であるが、宋にいた時、百里奚が穆公に推薦した。

丕豹　もと晉の人。父は鄭といい、晉の大夫であったが、恵公が父を殺したので秦へ走った。

公孫枝　もと岐州の人。晉に遊び遂に秦につく。

張儀　もと魏の人。鬼谷子に学び、秦の恵王の宰相となり、六国と秦が個別に同盟を結ぶ連衡策により、蘇秦の合従策を打破した。

深。今乃棄黔首、以資敵国、却賓客、以業諸侯。所謂籍寇兵、而齎盗糧者也。王乃聴李斯、復其官、除逐客令。斯楚人。嘗学於荀卿。秦卒用其謀、併天下。有韓非者、善刑名。為韓使秦、因上書。王悦之。斯疾而間之、遂下吏。斯遺之薬、令自殺。

籍　「藉」の字に通じ、「貸す」という意。

荀卿　名は況、荀子のこと。趙の人。孟子の後に出で、孟子の性善説に対して、性悪説を唱えた。

韓非　韓の公族で、かつて李斯と共に荀卿に学び、法家の学説を大成した。

刑名　当時諸侯の朝廷には遊説者が集まり、無責任な言論を説き勧めるものが多かったので、韓非は言行の一致を強く求める学説を主張した。

【書き下し】　秦の宗室・大臣、議して曰く、諸侯の人 来りて仕ふる者は、皆 其の主の為に游説するのみ。請ふらくは一切 之を逐はん、と。是に於て大いに索めて客を逐ふ。客卿の李斯 上書して曰く、「昔 穆公 由余を戎に取り、百里奚を宛に得、蹇叔を宋に迎へ、丕豹・公孫枝を晉に求めて、国を并《あ》はすること二十、遂に西戎に覇たり。孝公 商鞅の法を用ひて、諸侯 親服し、今に至るまで治まりて強し。恵王 張儀の計を用ひて、六国の従《しょう》を散じ、之をして秦に事へしむ。昭王は范雎を得て、公室を強くす。此の四君なる者は、皆 客の功を以てす。客 何ぞ秦に負《そむ》かんや。泰山は土壌を譲らず、故に大なり。河海は細流を択ばず、故に深し。今乃ち黔首を棄てて、以て敵国に資《し》し、賓客を却《しりぞ》けて、以て諸侯を業《たす》く。所謂《いわゆる》 寇に兵を籍《か》し、盗に糧を齎《もたら》す者なり」と。王 乃ち李斯に聴いて、其の官を復し、逐客令を除く。斯は楚人なり。嘗《かつ》て荀卿に学ぶ。秦 卒《つい》に其の謀を用ひて天下を併はす。韓非といふ者あり、刑名を善くす。韓の為に秦に使し、因りて上書す。王 之を悦ぶ。斯 疾《にく》みて之を間《かん》し、遂に吏に下す。斯 之に薬を遺《や》りて自殺せしむ。

【現代語訳】 秦の宗室と大臣は、議論して、「諸侯の国の人々で（わが国に）来て仕えている者は、皆それぞれ（自国の）主人のために遊説しているに過ぎない。どうか一人残らずこれを放逐しよう」とした。そこで厳重に探して（他国からの）客を追放した。客卿の李斯《りし》は上書して、「むかし（わが秦の）穆公《ぼくこう》は由余《ゆうよ》を西戎《じゅう》から取り、百里奚《ひゃくりけい》を宛《えん》から得て、蹇叔《けんしゅく》を宋《そう》より迎え、丕豹《ひひょう》と公孫枝《こうそんし》を晋に求め、他国を併呑すること二十、かくて西戎の覇者となりました。孝公《こうこう》は商鞅《しょうおう》の変法を採用し、諸侯が親しみ服し、今に至るまで国がよく治まり強くなりました。恵王《けいおう》は張儀《ちょうぎ》の計を用いて、（蘇秦による）六国《りくこく》の合従策を打破し、六国を秦に仕えさせました。昭王は范雎《はんすい》を得て、公室を強くしました。この四人の先君は、みな客（他国者）の努力により成功しました。客がどうして秦に背きましょうか。泰山《たいざん》はわずかな土くれも辞せず、そのため大きいのです。黄河や大海は小さい流れもえり好みせず、そのため深いのです。今それなのに民を捨て（敵国に行かせ）、敵国を助け、賓客を逐って（諸侯に行かせ）、諸侯を助けようとしております。（これは）いわゆる敵に武器を貸し、盗賊に食糧をくれてやるようなものです」と述べた。王はそこで李斯の意見を取り入れ、李斯の官を元に戻し、逐客令を除いた。李斯は楚の人で、かつて荀卿《じゅんけい》（荀子）に学んだ。秦はとうとうその謀略を用いて天下を併せた。韓非《かんぴ》という者があり、刑名の学説を得意としていた。韓のため秦に使者となり、秦王に上書した。秦王はこれを喜んだ。李斯は韓非の才をにくんで、韓非と王との仲を離間し、とうとう獄吏の手に下した。そして李斯はひそかに韓非に毒薬を送って自殺させた。

解説・鑑賞

●李斯と韓非子

始皇帝の宰相として秦帝国の国政を担う李斯《りし》は、おさないころ小役人として楚に仕えていた。李斯は厠で人の糞尿を食らい、人の姿を見て逃げ出すネズミと、兵糧庫の中で人の姿に怯えずのうのうと兵糧を食うネズミを見て、「人は環境により価値が定まってしまうのか」と慨嘆し、儒家の荀子《じゅんし》の門を叩いた。同門には韓の公子である韓非《かんぴ》がいた。

やがて、呂不韋に才能を絶賛された李斯は、秦王政（後の始皇帝）の近侍になった。前二三七年、嫪毐《ろうあい》という他国出身者が反乱を起こしたことを主因に、他国人の追放令（逐客令）が出された。本章に引かれる李斯の主張は、逐客令の撤回を求めた「諫逐客書《かんちくきゃくれい》」を典拠とする。

呂不韋が自殺した後、政の李斯への信頼はますます厚くなった。ところが、かつての同門であった韓非が、韓の使者として秦を訪れると、政は李斯を忘れるほどの勢いで韓非に傾倒する。政は、以前から韓非の著作である『韓非子』を読んで、「この作者と親しくできるのならば、死んでも悔いは無い」と言っていたのである。もし、このまま韓非が登用されれば、韓を攻められなくなるだけでなく、自分の地位も危うくなる。李斯は、韓非が韓の公子であるため韓の利益を優先させることを力説し、韓非を投獄させると、獄中の韓非に毒を渡して、有無を言わせずに逸早く死に追い込んだ。他国出身者の尊重をあれほど強調していた「諫逐客書」とは、異なる対応と言えよう。

	学派	代表的な人物	概要
	儒家	孔子、孟子、荀子	孔子の思想に端を発する「仁」を重んじる学派。その思想は弟子によって『論語』にまとめられる。孟子、荀子により発展。
	法家	韓非	「礼」や道徳のような曖昧なものではなく、絶対的な法や刑罰で人々を統制する学派。秦の始皇帝が採用。
	道家	老子、荘子	万物の根源を表す「道」を思想の根源に置き、自然のままにあることを説く。老子、荘子の思想が代表的で、「老荘思想」ともいわれる。
六家	墨家	墨子	戦争を否定し、人々を広く愛する「兼愛」を説く。儒家と対立関係にあり、その思想を激しく批判した。
九流 十家	名家	公孫龍	「白い馬は馬ではない」という「白馬非馬論」が有名。弁論術とも、ただの詭弁ともいわれる。
	陰陽家	鄒衍	万物は陰と陽の結合により生まれる「陰陽思想」と、木・火・土・金・水の5つの要素から森羅万象の根源は形成されるとした「五行思想」を融合させた思想。
	縦横家	蘇秦、張儀	強国である秦に対抗するため、戦国七雄のうち秦以外の6国がどのように振る舞うかを説いた学派。
	雑家	呂不韋	どの学派にも分類されない、総合的な学派。根幹にあるのは道家思想とされる。
	農家	農業の専門家	農業を推進し、そこから発展して「人々はみな農業に従事すべき」という労働による平等主義を説いた学派。
	小説家	鬻子、青史子	役人などによる故事（できごと、うわさ話）を書物とした学派。思想らしい思想はない。
	兵家	孫武、孫臏	具体的な戦争論を説く学派。戦争を推進するのではなく、いかに戦わずして勝つか、効率的に戦うかに重点が置かれている。

諸子百家の思想と人物

一般的に上記の11の学派を総称して諸子百家と呼ぶ。儒家、法家、道家、墨家、名家、陰陽家の6つをあわせて六家と呼んだ。

第七回　風は蕭々として易水寒し

　喜《ノ》太子丹《タル》質《タリ》二於秦《ニ》一。秦王《ノ》政不レ礼《セ》焉。怒《リテ》而亡《ゲ》帰《リ》、怨《ミテ》レ秦《ヲ》欲《ス》レ報《イント》レ之《ニ》。秦《ノ》将軍《タル》樊於期、得《テ》レ罪《ヲ》亡《ゲ》レ之《ク》燕《ニ》。丹受《ケテ》而舎《ス》レ之《ヲ》。丹聞《キ》二衛人《ノ》荊軻《ノ》賢《ナルヲ》一、卑《クシ》レ辞《ヲ》厚《クシテ》レ礼《ヲ》請《フ》レ之《ヲ》。奉養無《シ》レ不《ル》レ至《ラ》。欲《ス》レ遣《ハサント》レ軻《ヲ》。軻請《フ》下得《テ》二樊将軍《ノ》首及《ビ》燕《ノ》督亢《ノ》地図《ヲ》一以《テ》献《ゼント》上レ秦《ニ》。丹不レ忍《ビ》レ殺《スニ》二於期《ヲ》一。軻自《ラ》以《テ》レ意《ヲ》諷《シテ》レ之《ヲ》曰《ク》、願《ハクハ》得《テ》二将軍之首《ヲ》一、以《テ》献《ゼン》二秦王《ニ》一。必《ズ》喜《ビテ》而見《ン》レ臣《ヲ》。臣左手《ニ》把《リ》二其《ノ》袖《ヲ》一、右手《ニ》揕《さサバ》二其《ノ》胸《ヲ》一、則《チ》将軍之仇報《イラレテ》、而燕之恥雪《ガレント》矣。於期慨然《トシテ》自刎《ス》。

喜燕王　孝王の後を嗣ぎ、最後の燕王となった。

樊於期　秦の将軍の桓騎か。趙の李牧に敗れ、処罰を恐れて燕に亡命し樊於期と改名したという。

舎之　舎は館の意で、わが家にかくまうこと。

奉養　父母や目上の人に仕えて養うこと。

樊将軍首　当時秦は千斤の金と一万戸の土地をかけて樊於期の首を求めていた。

督亢地図　「督亢」は今の河北省の地名。燕の最も肥沃な土地。その地図を献ずるとは、土地を献ずる証である。

揕　ここでは、刺すの意。ねらって突きかかること。

将軍之仇報　於期が出奔すると、秦王は怒ってその父母宗族を捕らえてこれを殺し、懸賞で於期の首を求めた。その仇の報いられること。

丹奔リ往キ、伏シテ哭ス。乃チ以テレ函ヲ盛ル二其ノ首一ヲ。又嘗テ求メ二天下之利匕首一ヲ、以テレ薬ヲ焠シレ之ヲ、以テ試ミルニレ人ニ、血如クナルモレ縷ノ立ロニ死ス。乃チ装二遣ス軻一ヲ。行キテ至リ二易水一ニ、歌ヒテ曰ク、風ハ蕭蕭トシテ兮易水寒シ。壮士一タビ去リテ兮不ト二復タ還一ラ。于レ時ニ白虹貫クレ日ヲ。燕人畏ルレ之ヲ。軻至ル二咸陽一ニ。秦王ノ政大イニ喜ビテ見ルレ之ヲ。軻奉ジテレ図ヲ進ム。図窮マリテ而匕首見ハル。把リテ二王ノ袖一ヲ揕スレ之ヲ。未ダレ及バレ身ニ。王驚キ起チテ絶ツレ袖ヲ。軻逐フレ之ヲ。環リテレ柱ヲ走ル。秦ノ法ニ群臣ノ侍スル二殿上一ニ者ハ、不レ得レ操ルヲ二尺寸ノ兵一ヲ。左右以テレ手ヲ搏《うツ》レ之ヲ。且ツ曰ク、王負ヘトレ剣ヲ。遂ニ抜キテレ剣ヲ断ツ二其ノ左股一ヲ。軻引イテ二匕首一ヲ擿《なげうツ》レ王ニ。不レ中ラ。遂ニ体解シテ以テ徇《となフ》。秦王大イニ怒リ、益〻発シテレ兵ヲ伐ツレ燕ヲ。喜斬リテレ丹ヲ以テ献ズ。

利匕首　するどい短刀

焠　刃を焼いて水に入れ、その性質を堅くすること。ここでは毒薬を刃に塗ってにらぎ堅めること。

易水　河の名。河北省にある。

壮士　意気のさかんなおとこ。ここでは荊軻自身をいう。

白虹貫日　白い虹が太陽の面を横ぎること。「白虹」は兵の象であり、日は君の象である。故に国の主君が兵を被る兆で、大戦争の起こる前兆である。

咸陽　秦の都。今の陝西省西安のこと。

王負剣　王の剣が長くて抜きにくいから、鞘を背後に押しやって身を俯して抜き易くするよう進言したのである。

擿　音テキ。擲に同じ。なげうつ。

後三年、秦ノ兵虜ニシレ喜ヲ、遂ニ滅ボシテレ燕ヲ為スレ郡ト。

【書き下し】　喜の太子たる丹、秦に質《ち》たり。秦王の政 礼せず。怒りて亡げ帰り、秦を怨みて之に報いんと欲す。秦の将軍たる樊於期、罪を得て亡《に》げ燕に之《ゆ》く。丹 受けて之を舎す。丹 衛人《えいひと》の荊軻の賢なるを聞き、辞を卑くし礼を厚くして之を請ふ。奉養 至らざる無し。軻を遣《つか》はさんと欲す。軻「樊将軍の首及び燕の督亢の地図を得て以て献ぜん」と請ふ。丹 於期を殺すに忍びず。軻 自ら意を以て之を諷《ふう》して曰く、「願はくは将軍の首を得て、以て秦王に献ぜん。必ず喜びて臣を見ん。臣 左手に其の袖を把り、右手に其の胸を揕《さ》さば、則ち将軍の仇《あだ》報いられて、燕の恥雪《すす》がれん」と。於期 慨然として自刎《じふん》す。丹 奔り往き、伏して哭《こく》す。乃ち函を以て其の首を盛る。又 嘗《かっ》て天下の利匕首《りひしゅ》を求め、薬を以て之を焠《さい》して、以て人に試みるに、血 縷《る》の如くなるも立《たちどこ》ろに死す。乃ち軻を装遣す。行きて易水に至り、歌ひて曰く、風は蕭蕭として易水寒し。壮士一《ひと》たび去りて復た還らず、と。時に白虹《はっこう》日を貫く。燕人 之を畏《おそ》る。軻 咸陽に至る。秦王の政 大いに喜びて之を見る。軻 図を奉じて進む。図 窮まりて匕首見《あら》はる。王の袖を把《と》りて之を揕《さ》す。未だ身に及ばず。王 驚き起《た》ちて袖を絶つ。軻 之を逐《お》ふ。柱を環《めぐ》りて走る。秦の法に群臣の殿上に侍する者は、尺寸の兵を操るを得ず。左右 手を以て之を搏《う》つ。且つ曰く、「王 剣を負へ」と。遂に剣を抜きて其の左股を断つ。軻 匕首を引きて王に擿《なげう》つ。中《あた》らず。遂に体解して以て徇《とな》ふ。秦王 大いに怒り、益々兵を発して燕を伐つ。喜 丹を斬りて以て献ず。後三年、秦の兵 喜を虜にし、遂に燕を滅ぼして郡と為す。

【現代語訳】　（最後の燕王である）喜《き》の太子である丹《たん》は、秦の国に人質となっていた。秦王の政はこれを礼遇しなかった。（丹は）怒って燕に逃げ帰り、秦を怨んでこれに復讐しようとした。秦の将軍である樊於期《はんおき》が、罪を受け亡命して燕に逃げて来た。丹は引き取って館にかくまった。丹はまた衛《えい》の人である荊軻《けいか》が賢者であることと聞き、へりくだった言葉で礼を手厚くしてこれを招いた。（丹が荊軻に）仕え養うことは至れり尽くせりであった。（丹は）軻を（秦に政の暗殺のため）遣わそうと思った。軻は、「どうか（秦のお尋ね者の）樊将軍の首と（燕の一等地である）督亢《とくこう》の地図を申し受け、それを秦王に献上したい」と述べた。丹は於期を殺すに忍びなかった。軻は自らの考えで於期に喩して、「どうか将軍の御首を戴いて、それを秦王に献上したい。そうすれば秦王は必ず喜んで臣を引見するでしょう。（そのとき）臣が左手で王の袖をつかみ、右手で王の胸を刺せば、将軍の（家族を殺された）仇も報いられ、（太子が礼遇されなかった）燕の恥もすすがれるでしょう」といった。於期は感極まって自ら首をはねて死んだ。

丹は（樊於期の死を聞き）走ってきて、（屍に）伏して大声で泣いた。それから函にその首を入れ、またかねて求めておいた天下無双の鋭利な短刀を取り出し、刃に毒薬を塗り、人に試したところ、血は糸すじほどしか出ない（小さい傷な）のに、たちどころに死んだ。そこで軻を支度を整え（秦に）遣わすことになった。出発して易水《えきすい》に至ると、軻が歌った、「風は蕭々《しょうしょう》と物寂しく易水の流れは寒々として身にしみる。ますらおの自分は一たびこの地を去って秦に行き二度と生きては帰るまい」と。このとき白い虹が太陽の面を横ぎった。燕人はこれを（兵乱の前兆として）畏れた。軻は咸陽《かんよう》に着いた。秦王の政は大いに喜んで軻を引見した。軻は地図を捧げて王の前へ進んだ。巻物の地図が（だんだん繰り展げられて）終わると、中から（かねて用意の）短刀が現われた。（軻はすぐさまそれを取り）秦王の袖をつかんで王を刺した。王の身にまだ届かなかった。王は驚いてたち上がり袖を引きちぎって逃げた。軻は王を追いかけた。（二人は）柱（のまわり）を走り廻った。秦の法では群臣の殿上にかしづく者は、一尺一寸の短い刃物でも持つことはできなかった。（そのため左右）の者たちは素手で軻を打った。そして、「王よ剣を背負ってください」と言った。かくて王は剣を抜いて軻の左の股を断ち切った。軻は（今はこれまでと）短刀を引き寄せ王に投げつけた。あたらなかった。こうして（軻の）身体をずたずたに切って見せしめとした。秦王は大いに怒り、ますます兵を出して燕を伐った。燕王の喜は太子の丹を斬ってその首を秦に献じた。その後三年、秦の兵は喜を虜にし、こうして燕を滅ぼして（秦の一）郡とした。

解説・鑑賞

●刺客列伝

中国では、主君から精神的物質的なさまざまな恩恵を受けた人物が、その恩義に報いるため、主君に代わってその仇とする権力者を刺殺しようと試みる。この人物を刺客《しきゃく》という。

司馬遷が『史記』の中で刺客列伝を作って取り上げているのは、主君と最も深い信頼関係にある一人の人物が、刺客としてほとんど単身で死地に赴く場合である。なぜなら、極秘の計画を絶対にもらさず、厳重な警戒を突破して相手に近づくためには、それに耐えるに足る沈着さと勇猛心を兼備し、最も信頼できる人を選ぶ必要があったからである。

また、大事を付託された人物は、その信頼にこたえて「士は己《おのれ》を知る者のために死す」という信義を貫こうとする。刺殺目的の成否よりも、そこにあらわれる純度の高い人格的な信義関係を司馬遷は高く評価したのである。なお、『漢書《かんじょ》』を著した班固《はんこ》は、司馬遷が刺客列伝を設けたことを儒教的立場から批判している。

第一に、多くの見聞や記録を載せるよう努めたものの、史実の選択を厳正にしていないこと、第二に、黄老思想（黄帝と老子の思想）を尊び五経を軽んずるなど、儒教を価値基準の中心におかないことを批判する。ただし、第一と第二は、軽重が異なる。第二の欠点が、司馬遷を「極刑」（死刑。司馬遷はそれを免れるため、生殖器を切られる宮刑を受けた）に追い込んだ理由であり、儒教の正しい言葉に依拠し、聖人の是非によって史実を判断すれば、その史書は完全なものに近づき得た、と述べている。

第三に、項羽を本紀に陳勝を世家に立てるなど、司馬遷自らが立てた紀伝体の体裁を破っていること、第四に、名だけで字がなく県だけで郡が記されないなど、人名・地名の表記に統一性が無いことを批判する。

以上、四点の批判を踏まえたうえで、班固は『漢書』を『史記』と重複する高祖劉邦から書き始め、前漢の歴史を描き直したのである。

班固の司馬遷批判

班固は父班彪の考えを継承して、上の四点から司馬遷の『史記』を批判している

第八回　中国統一

十七年、内史《ノ》勝滅《ボシ》レ韓《ヲ》、十九年、王翦滅《ボシ》レ趙《ヲ》、二十三年、王賁滅《ボシ》レ魏《ヲ》、二十四年、王翦滅《ボシ》レ楚《ヲ》、二十五年、王賁滅《ボシ》レ燕《ヲ》、二十六年、王賁滅《ボス》レ斉《ヲ》。秦王初《メテ》并《ハセ》二天下《ヲ》一、自《ラ》以《ヘラク》、徳《ハ》兼《ネ》二三皇《ヲ》一、功《ハ》過《グト》二五帝《ニ》一。更《メ》号《シテ》曰《フ》二皇帝《ト》一。命《ヲ》為《シ》レ制《ト》、令《ヲ》為《シ》レ詔《ト》、自《ラ》称《シテ》曰《フ》レ朕《ト》。制《シテ》曰《ク》、死《シテ》而以《テ》レ行《ヲ》為《スハ》レ謚《おくりなト》、則《チ》是《レ》子議《シ》レ父《ヲ》、臣議《スル》レ君《ヲ》也。甚《ダ》無《シ》レ謂。自《リ》レ今以来、除《キ》二謚法《ヲ》一、朕《ヲ》為《シ》二始皇帝《ト》一、後世以《テ》計《リ》レ数《ヲ》、二世・三世《ヨリ》至《リ》二于万世《ニ》一、伝《ヘント》二之《ヲ》無窮《ニ》一。

収《メテ》二天下《ノ》兵《ヲ》一、聚《メ》二咸陽《ニ》一、銷《シテ》以《テ》為《ル》二鐘

十七年　秦王政、即位の十七年。

内史勝　内史は官名。立法官で武官を兼ね、爵禄・廃置・殺生・与奪の法を掌る。勝は騰の誤まり。姓氏は不明。

王翦　秦の将軍。頻陽東郷（陝西省富平県）の人。秦王の政に仕え、趙と楚を滅ぼした。

王賁　王翦の子。秦の将軍。魏・燕・斉を滅ぼした。

謚　生前の徳行・事業などによって死後につける名。

咸陽　秦の首都。今の陝西省西安府の地。

兵　ここでは武器のこと。

鑠・金人十二《ヲ》一。重《サ》各《ミ》千石《ナリ》。徒《スコト》二天下《ノ》
　豪富《ヲ》於咸陽《ニ》一、十二万戸《ナリ》。
　丞相《ノ》王綰等言《フ》、燕・斉・荊《ハ》地遠《シ》。
不《ンバ》レ置《カ》レ王《ヲ》無《シ》二以《テ》鎮《ムル》レ之《ヲ》。請《フ》立《テント》二諸子《ヲ》一。始
皇下《ス》二其《ノ》議《ヲ》一。廷尉《ノ》李斯曰《ク》、周《ノ》武王
所《ノ》レ封《ズル》子弟《ハ》同姓甚《ダ》衆《シ》。後属《シ》二疎遠《ニ》一、
相攻撃《スルコト》如《シ》二仇讐《ノ》一。今海内《ハ》頼《リテ》二陛
下《ノ》神霊《ニ》一、一統《シテ》皆為《ル》二郡県《ト》一。諸子・功
臣、以《テ》二公《ノ》賦税《ヲ》一、賞二‐賜《セバ》之《ヲ》一、甚《ダ》足《リテ》易《カラン》レ制《シ》。
天下《ニ》無《キハ》二異意一、則《チ》安寧之術也。置《クハ》二
諸侯《ヲ》一不《ルナリト》レ便《ナラ》。始皇曰《ク》、天下初《メテ》定《マル》。
又復《タ》立《ツルハ》レ国《ヲ》、是《レ》樹《ツル》レ兵《ヲ》也。而《シテ》求《ムルハ》二其《ノ》寧
息《ヲ》一、豈不レ難《カラ》哉。廷尉《ノ》議《ハ》是《ナリト》。分《ヲテ》二天下《ヲ》一
為《シ》二三十六郡《ト》一、置《ク》二守・尉・監《ヲ》一。

重各千石　石は百二十斤（約三〇キログラム）をいう。千石は十二万斤（約三トン）。

荊　楚の国のこと。始皇の父の諱の楚を避けて荊といった。

廷尉　秦・漢の時の官名。刑罰をつかさどる。司法の長官。

郡県　全国を郡と県との行政区に分け、中央政府から官吏を派遣した。

守・尉・監　守は郡守で郡の長官。尉は守を助けて兵事をつかさどる官、監は郡の監察をつかさどる官。

【書き下し】　十七年、内史の勝 韓を滅ぼし、二十三年、王賁 魏を滅ぼし、二十四年、王翦、楚を滅ぼし、二十五年、王賁 燕を滅ぼし、二十六年、王賁 斉を滅ぼす。秦王 初めて天下を并《あ》はせ、自ら以《おも》へらく、徳は三皇を兼ね、功は五帝に過ぐと。更《あらた》め号して皇帝と曰ふ。命を制と為し、令を詔と為し、自ら称して朕と曰ふ。制して曰く、「死して行を以て謚《おくりな》と為すは、則ち是れ子 父を議し、臣 君を議するなり。甚だ謂《いわれ》無し。今より以来、謚法を除き、朕を始皇帝と為し、後世 以て数を計り、二世・三世より万世に至り、之を無窮に伝へん」と。

天下の兵を収めて、咸陽に聚め、銷《しょう》して以て鐘《しょう》・鐻《きょ》・金人《きんじん》十二を為《つく》る。重さ各々千石《せき》なり。天下の豪富を咸陽に徙すこと、十二万戸なり。

丞相《じょうしょう》の王綰《おうわん》ら言ふ、「燕・斉・荊は地遠し。王を置かずんば以て之を鎮むる無し。請ふ諸子を立てん」と。始皇 其の議を下す。廷尉の李斯曰く、「周の武王 封ずる所の子弟は同姓 甚だ衆《おお》し。後 疎遠に属し、相 攻撃すること仇讐《きゅうしゅう》の如し。今 海《かい》内《だい》は陛下の神霊に頼りて、一統して皆 郡県と為る。諸子・功臣、公の賦税を以て、之を賞賜せば、甚だ足りて制し易からん。天下に異意無きは、則ち安寧の術なり。諸侯を置くは便ならざるなり」と。始皇曰く、「天下 初めて定まる。又 復た国を立つるは、是れ兵を樹《た》つるなり。而して其の寧息を求むるは、豈《あ》に難《かた》からずや。廷尉の議 是《ぜ》なり」と。天下を分《わか》ちて三十六郡と為し、守・尉・監を置く。

【現代語訳】　（秦王政の即位）十七年に、内史《だいし》の勝が韓を滅ぼし、二十三年に王翦《おうせん》が趙を滅ぼし、二十三年に王賁《おうふん》が魏を滅ぼし、二十四年に王翦が楚《そ》を滅ぼし、二十五年に王賁が燕を滅ぼし、二十六年に王賁が斉《せい》を滅ぼし（中国を統一し）た。秦王は初めて天下を平定し、自ら（自分の）徳は三皇を兼ね備え、功は五帝に勝ると考えた。（そこで三皇と五帝を合わせて）改めて号して皇帝とした。（そして天子の言葉のうち）命を制と改め、令を詔《しょう》と改め、自分を朕《ちん》といった。（さらに）制を下して、「（天子の）死後に（生前の）行ないによって謚をつけるのは、子として父を議論し、臣として君を議論することである。たいへんよろしくない。今よりのち謚法《しほう》を廃止し、朕を（最初の皇帝）始皇帝となし、後世は数により、二世（皇帝）・三世（皇帝）より万世に至り、これを無窮に伝えよ」とした。

天下の武器を没収して、咸陽《かんよう》に集め、鋳つぶして鐘《しょう》と鐘をつるす台と銅像十二を作った。（銅像の）重さはそれぞれ十二万斤もあった。天下の富豪を咸陽に移すこと、十二万戸であった。

丞相の王綰たちは、「燕・斉・荊《けい》の地は（都から）遠く離れております。（その地に）王を置かなければ鎮《しず》め治めることができません。どうか皇子たちを立て（て王といたし）ましょう」と申し上げた。始皇はその議を下した。廷尉《ていい》の李斯《りし》は、「周の武王が封建した子弟は同族がたいへん多いものでした。（しかし）そののち疎遠となり、互いに攻撃すること、仇敵のようでした。いま国内は陛下の稜威《みいつ》によって、統一されてみな郡県となりました。皇子や功臣たちは、公の租税で、賞与を賜われば、それで（勢いを）抑制することができます。天下に二心を抱くものがないことは、安寧の術です。諸侯を置くことはよくありません」と申し上げた。始皇帝は、「天下は初めて平定された。また（王の）国を建てることは、戦乱をたてるようなものだ。それで天下の無事を望むことは、なんとむずかしいことではないか。廷尉の議が正しい」とした。天下を分けて三十六郡とし、（郡ごとに）守・尉・監を置いた。

解説・鑑賞

●秦の中国統一

前二四六年、父の荘襄王《そうじょうおう》を継いでわずか十三歳の秦王政《せい》が即位した。政は前二三〇年に韓《かん》、前二二八年に趙《ちょう》、前二二五年に魏《ぎ》、前二二三年に楚《そ》、前二二二年に燕《えん》、そして前二二一年に斉《せい》を滅ぼし、中国を統一した。

統一後、秦王政は、君主の新しい称号を制定した。これまで君主は王、天子などと呼ばれ、それは天帝の命をうけて民を統治するものという意味であった。これに対して、秦王政は、新しく「皇帝《こうてい》」という称号を定めた。「煌煌《こうこう》たる上帝（光り輝く絶対神）」という意味を持つ皇帝は、天帝そのものであり、地上における絶対者であった。その証拠に皇后は置かれていない。以後、皇帝は君主の称号として清《しん》まで続くことになる。また、秦王政は初代皇帝として謚法《しほう》を廃して始皇帝となった。

自己の地位を明確にした始皇帝は、中央集権体制の確立のため諸々の政策を実施するが、最も重要なものは、郡県制《ぐんけんせい》である。全国を三六の郡に分け、それぞれの郡には守《しゅ》（長官）、尉《い》（軍指揮官）、監《かん》（監察官）などの官僚を中央から派遣し、郡の下には県を置いて同様に中央派遣の官僚に支配させた。郡県制の設置は、周から続いてきた封建制《ほうけんせい》との決別であった。

第九回　焚書坑儒

三十四年、丞相《ノ》李斯上書《シテ》曰《ク》、
異時《ニ》諸侯並《ビ》争《ヒ》、厚《ク》招《ク》遊学《ヲ》。今天
下已《ニ》定《マリ》、法令出《ヅ》一《いつヨリ》。百姓当《タリハ》家《ニ》、則《チ》
力《メ》農工《ニ》、士《ハ》則《チ》学習《ス》法令《ヲ》。今諸生
不《シテ》師《トセ》今《ヲ》、而学《ビテ》古《ヲ》、以《テ》非《リ》当世《ヲ》、惑乱《ス》
黔首《ヲ》。聞《ケバ》令《ノ》下《ルヲ》、則《チ》各《〻》以《テ》其《ノ》学《ヲ》議《ス》之《ヲ》。
入《リテハ》則《チ》心《ニ》非《トシ》、出《デテハ》則《チ》巷《ニ》議《シ》、率《ヰテ》群下《ヲ》以《テ》
造《なす》謗《ヲ》。臣請《フ》、史官《ノ》非《ザルモノハ》秦《ノ》記《ニ》、皆
焼《キ》之《ヲ》、非《ズシテ》博士官《ノ》所《ニ》職《トスル》、天下《ニ》有《ラバ》蔵《スル》
詩書・百家《ノ》語《ヲ》者、皆詣《リ》守・尉《ニ》、雑《ヘテ》焼《カン》
之《ヲ》。有《ラバ》偶語《スル》詩書《ヲ》者棄市《セン》。以《テ》古《ヲ》非《ル》
今《ヲ》者《ハ》族《セン》。所《ノ》不《ル》去《ラ》者《ハ》、医薬・卜筮・種

丞相　最高行政官。
異時　ここでは、むかしの意。
百姓　民のこと。次の士と対《つい》の概念。
諸生　もろもろの学生。
古　ここでは古を尊重する学問のこと。儒教はその代表例。
黔首　民のこと。黔は黒色。民は冠をつけないで黒髪をむき出しにしていたため民を表す。
史官　暦を定め、記録を掌る官。
博士官　学問を弟子に教授する官。
百家　老子・荘子・荀子・韓非子など、一家の説を立てた諸家の総称。諸子百家。
偶語　語りあうこと。
棄市　刑罰の名。殺してその屍を市に棄てる刑。
族　当人だけではなく、その一族までも死罪に処する刑。
卜筮　占いのこと。
種樹之書　農耕に関する書物。

樹之書《ノミ》。若《シ》有《ラバ》レ欲《スルモノ》レ学《バント》二法令《ヲ》一、以《テ》レ吏《ヲ》為《サント》レ師《ト》。制《シテ》曰《ク》、可《ナリト》。

三十五年、侯生・盧生、相与《ニ》譏二-議《シ》始皇《ヲ》一、因《リテ》亡《ゲ》去《ル》。始皇大《イニ》怒《リテ》曰《ク》、盧生等、吾尊二-賜《スルコト》之《ヲ》一甚《ダ》厚《シ》。今乃《チ》誹二-謗《ス》我《ヲ》一。諸生《ノ》在《ル》二咸陽《ニ》一者、吾使《ムルニ》二人《ヲシテ》廉問《セ》一、或《イハ》為《シテ》二妖言《ヲ》一、以《テ》乱《ルト》二黔首《ヲ》一。於《テ》レ是《ニ》使《ム》二御史《ヲシテ》悉《ク》案問《セ》一。諸生伝《ヘテ》相告引《シ》、乃《チ》自《ラ》除《ス》。犯《ス》レ禁《ヲ》者四百六十余人、皆坑《ニス》二之《ヲ》咸陽《ニ》一。長子《ノ》扶蘇諫《メテ》曰《ク》、諸生皆誦《ス》二法《ヲ》孔子《ニ》一。今上皆重《クシテ》レ法《ヲ》縄《ス》レ之《ヲ》。臣恐《ルト》二天下《ノ》不《ルヲ》レ安《カラ》。始皇怒《リ》、使《ム》三扶蘇《ヲシテ》北《ノカタ》監《セ》二蒙恬《ノ》軍《ヲ》於上郡《ニ》一。

譏議　批判すること。

咸陽　秦の首都。現在の陝西省西安市。

廉問　廉は察の意。検察すること。取り調べること。

御史　官名。悪者を検挙したり、重大な裁判をつかさどる。

案問　案は取り調べること。罪状を精細に取り調べること。廉問より厳重である。

告引　告訴牽引の意で、他人を引き合いに出して告訴すること。

自除　罪を他人に移して自分を免れること。

坑　穴の中に落とし入れて、生き埋めにすること。

扶蘇　始皇の長子。始皇の死後、李斯・趙高らに謀られて自殺した。

上　陛下と同じ。臣下が君を称するときの呼び方。

上郡　陝西省にある地名。

【書き下し】　三十四年、丞相の李斯 上書して曰く、「異時に諸侯 並び争ひ、厚く遊学を招く。今 天下 已《すで》に定まり、法令 一《いつ》より出づ。百姓《ひやくせい》 家に当りては、即ち農工に力《つと》め、士は則ち法令を学習す。今 諸生 今を師とせずして、古《いにしへ》を学びて、以て当世を非《そし》り、黔首《けんしゅ》を惑乱す。令の下るを聞けば、則ち各〻其の学を以て之を議す。入りては則ち心に非とし、出でては則ち巷《ちまた》に議し、群下を率ゐて、以て謗《ほう》を造《な》す。臣 請ふらくは、史官の秦の記に非ざるものは、皆 之を焼き、博士官の職とする所に非ずして、天下に詩書・百家の語を蔵する者有らば、皆 守・尉に詣《いた》り、雑へて之を焼かん。詩書を偶語する者有らば棄市せん。古を以て今を非る者は族せん。去らざる所の者は、医薬・卜筮・種樹の書のみ。若し法令を学ばんと欲するもの有らば、吏を以て師と為さん」と。制して曰く、「可なり」と。

三十五年、侯生・盧生、相 与《とも》に始皇を譏議《きぎ》し、因りて亡げ去る。始皇 大いに怒りて曰く、「盧生ら、吾 之を尊賜すること甚だ厚し。今 乃ち我を誹謗す。諸生の咸陽に在る者、吾 人をして廉問せしむるに、或いは妖言を為して、以て黔首を乱る」と。是に於て御史をして悉く案問せしむ。諸生 伝へて相 告引し、乃ち自ら除す。禁を犯す者 四百六十余人、皆 之を咸陽に 坑《あなうめ》にす。長子の扶蘇 諫めて曰く、「諸生 皆 法を孔子に誦す。今 上《せう》 皆 法を重くして之を縄す。臣 天下の安からざるを恐る」と。始皇怒り、扶蘇をして北のかた蒙恬の軍を上郡に監せしむ。

【現代語訳】　（始皇帝の）三十四年、丞相《じょうしょう》の李斯《りし》が上書して、「むかし諸侯が並び争っていたころ、（諸侯は）手厚く遊学の士を招きました。いま天下は定まり、法令は（ただ秦）一つから出るようになりました。（したがって）民は家にいるときには、農業・工業に精を出し、士は法令を学べばよいのです。（ところが）いま学生は今を手本とせず、いにしえ（の学問）を学び、それに基づき現在の政治を誹謗し、民を惑わし乱しております。（朝廷から）法令が下ったと聞くと、それぞれ自分の学問によりこれを議論します。（朝廷に）入れば（法令について口に出さず）心の中でこれを非難し、（朝廷から）出れば町中で議論し、多くの門人をひき連れ、（令を）そしっております。どうか、史官の（蔵する書物の中で）秦の記録以外のものは、みな焼きすてて、博士官の職務上所有するもの以外で、天下に詩書や諸子（百家）の書籍を所蔵する者があれば、みな郡守や郡尉（の役所）に持参させ、あわせてこれを焼きすてましょう。（また）詩書を論じ合う者があれば棄市しましょう。いにしえを基準に現在（の政治）を誹謗するものは一族皆殺しとしましょう。（ただし、古の書籍のうち）除き去らないものは、医薬・

うらない・農業だけとします。もし法令を学びたい者があれば、吏を師として学ばせましょう」と申し上げた。（始皇帝は）制して、「よろしい」といった。

（始皇帝の）三十五年に、侯生《こうせい》と盧生《ろせい》が、ともに始皇帝を批判し、そして（秦から）逃げ去った。始皇帝は大いに怒って、「盧生たちに対して、自分はこれを尊び賜与することたいへん手厚かった。（それにもかかわらず）今かえって我を誹謗した。（この二人だけでなく）諸生で咸陽《かんよう》にいるものを、吾が人に調べさせたところ、奇怪なことを言いふらして、民を惑わす者もある」と言った。こうして御史《ぎょし》に精しく取り調べさせた。諸生たちは互いに他を告訴し、それにより自分の罪を逃れようとした。かくして（上をそしる）禁を犯したものは四百六十余人（にのぼり）、みなこれを咸陽で穴埋めにした。長男の扶蘇《ふそ》が、「諸生たちはみな手本を孔子に求めています。いま陛下はみな法を重くしてこれを処分されました。臣は天下が安定しないかと心配いたします」と諫めた。始皇帝は怒り、扶蘇を（都から追い払い）北方の蒙恬《もうてん》の軍を上郡《じょうぐん》で監督させた。

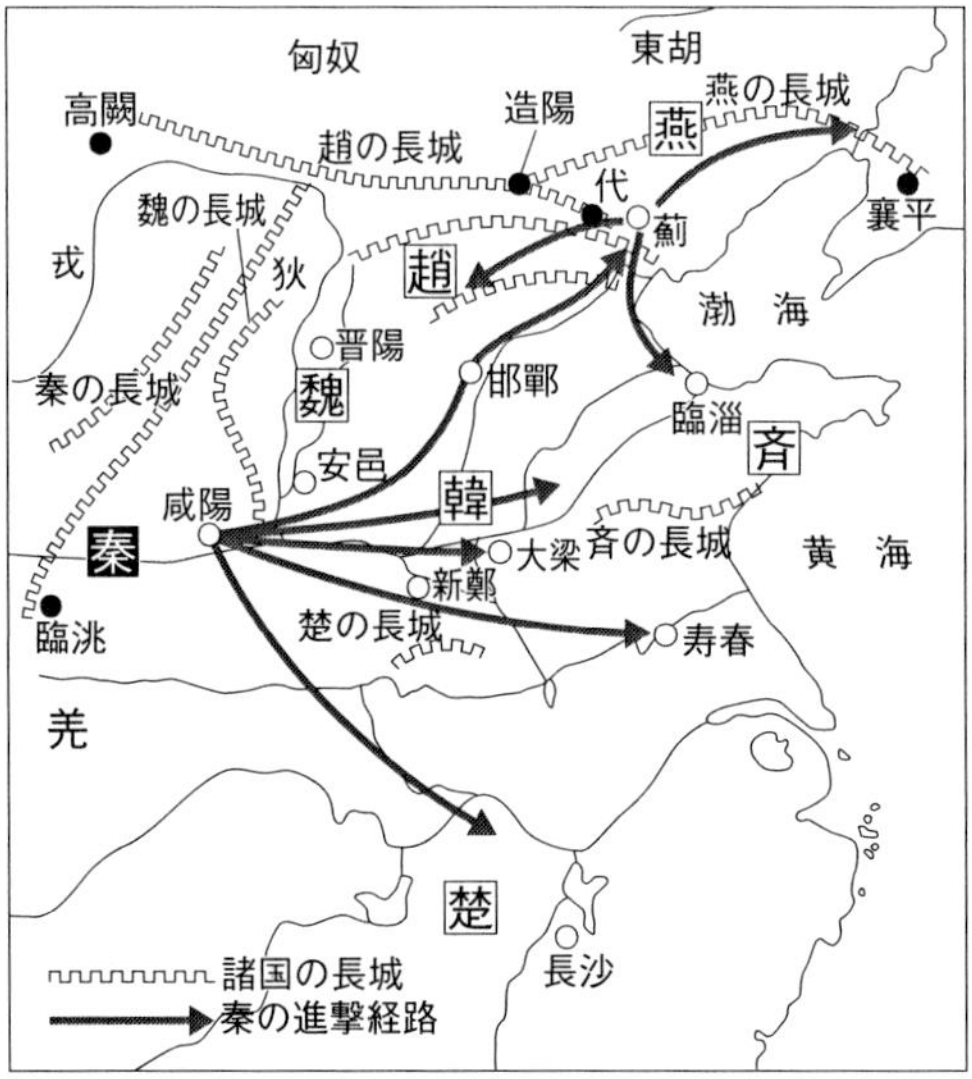

秦の統一経路と万里の長城

秦の万里の長城は、各国の長城をつないだもので、秦自身もいくつもの長城を築いていた。

解説・鑑賞

●焚書坑儒

中国を統一した始皇帝《しこうてい》は、度量衡・貨幣（半両銭《はんりょうせん》）・文字（小篆《しょうてん》）を統一し、交通網を整備したほか、民間からの武器の没収を行った。これらの諸政策は、丞相となった李斯《りし》を中心として、法家思想に基づいて推進された。

法家思想とは、法律による統治を根本手段とする思想で、信賞必罰《しんしょうひつばつ》主義に立ち、その権勢を君主の一身に集めることを主張する。その象徴と考えられているものが、李斯によって主導された思想統制の焚書坑儒《ふんしょこうじゅ》である。

実用的な価値を持つ医薬・占い・農業以外の書籍を焼き、学問は吏から学ぶ法律だけに限定した焚書と、始皇帝の政治を批判した儒者を穴埋めにした坑儒とは、本来別々の時期に行われている。しかし、『史記』をはじめとする漢代の記録では、両者をあわせて「焚書坑儒」と呼び、秦の思想統制の厳しさを象徴させる。漢にとって秦は否定すべき存在であった。しかも、司馬遷は董仲舒から儒教を学んでいるため、秦の法家による思想統制は批判すべき行為であった。

司馬遷が批判した法家思想に基づく厳刑主義の一端を今日に伝えるものが、一九七五年に湖北省雲夢《うんぼう》県睡虎地《すいこち》から発見された雲夢秦簡である。雲夢秦簡には二十数種の律名が残り、各種の刑罰およびその適用、密告に関する褒賞規定などが詳細に記されており、秦の厳刑主義、信賞必罰の実態を如実に物語っている。

第一〇回　阿房宮

始皇以為《ヘラク》、咸陽《ハ》人多《キモ》、先王《ノ》宮庭小《ナリト》。乃《チ》営二|作《セントシ》朝宮《ヲ》渭南《ノ》上林苑《ノ》中《ニ》一、先《ヅ》作《ル》二前殿《ヲ》阿房《ニ》一。東西五百歩、南北五十丈、上《ニハ》可《ク》レ坐《セシム》二万人《ヲ》一、下《ニハ》可《シ》レ建《ツ》二五丈《ノ》旗《ヲ》一。周馳《シテ》為《ル》二閣道《ヲ》一。自《リ》二殿下一直《チニ》抵《ル》二南山《ニ》一。表《きわだタセテ》二南山之顚《ニ》一以《テ》為《シ》レ闕《ト》、為《つくり》二複道《ヲ》一、自《リ》二阿房一渡《リ》レ渭《ヲ》、属《ス》二之《ヲ》咸陽《ニ》一。以《テ》象《ル》三天極《ノ》閣道絶《チテ》レ漢《ヲ》抵《ルニ》二営室《ニ》一也。阿房《ノ》宮未《ダ》ズレ成《ラ》、成《ラバ》欲《ス》三更《ニ》択《バント》二令名《ヲ》一。天下謂《フ》二之《ヲ》阿房宮《ト》一。

始皇《ノ》為《リ》レ人《ト》、天性剛戻《ニシテ》自《ラ》用《ヒ》、天

朝宮　百官の参内する宮殿。

渭南　渭水の南。

上林苑　苑は庭園の大きなもの、上林はその名。

歩　一歩は約一・三五メートル。

丈　一丈は約二・三一メートル。

閣道　高い処にかけわたした廻廊。

複道　上と下と二重に作った閣道。天子は上を通り、臣下は下を行く。

天極　天極星。天の河を閣道星により横切り営室星にいたる。

閣道　星の名。複道はこれを模したもの。

漢　天漢の略で、天の河のこと。渭水を天の河に擬《なぞら》えている。

営室　星の名。咸陽の宮殿をこれに擬えている。

自用　自己の才智をたのんで人の言をきかず、自分の思うように事を行なうこと。

下《ノ》事無《ク》大小《ト》、皆決《ス》於上《ニ》。至《ル》以《テ》衡石《ヲ》量《ルニ》書《ヲ》。日夜有《リ》程、不得休息《スルヲ》。貪《ルコト》於権勢《ヲ》至《レリ》如《キニ》此《ノ》。

秦《ニ》有《リ》出《デテ》使《スル》者。還《ルニ》遇《フ》人《ノ》持《チテ》璧《ヲ》授《クルニ》之《ニ》。曰《ク》、為《ニ》吾《ガ》遺《レ》滈池《ノ》君《ニ》。明年祖竜死《セント》。

三十七年、始皇出遊《ス》。丞相《ノ》斯・少子《ノ》胡亥・宦者《ノ》趙高従《フ》。始皇崩《ズ》於沙丘《ノ》平台《ニ》。秘《シテ》不発《セ》喪《ヲ》。詐《リテ》為《シ》受《クト》詔《ヲ》、立《テ》胡亥《ヲ》、賜《フ》扶蘇《ニ》死《ヲ》。載《セ》始皇《ヲ》轀輬車《ノ》中《ニ》、以《テ》一石《ノ》鮑魚《ヲ》乱《シ》其《ノ》臭《ヲ》、至《リ》咸陽《ニ》始《メテ》発《ス》喪《ヲ》。胡亥即《ク》位《ニ》。是《レ》為《リ》二世皇帝。

衡石　衡はハカリの皿、石は分銅のこと。

滈池君　滈池は陝西省咸陽付近にある池の名。「君」とは、そこの水神をいう。

祖竜　祖は始祖。竜は天子の象。よって始皇にたとえた。

沙丘　河北省にある地名。ここに宮殿があった。

賜…死　ここでの賜は命令する意。

轀輬車　車上に窓があって開けば涼しく、閉じるとあたたかな車。

石　一石は約二〇リットル。

鮑魚　塩漬の魚。悪臭が甚だしい。

二世皇帝名胡亥。元年、東行郡県。謂趙高曰、吾欲悉耳目之所好、窮心志之楽、以終吾年。高曰、陛下厳法刻刑、尽除故臣、更置所親信、則高枕肆志矣。二世然之、更為法律、務益刻深。公子・大臣多僇死。

所好 好むところ。好み。
心志 こころ。こころざし。
肆 好き勝手にすること。
僇死 僇は戮に同じ。刑罰によって殺されること。

【書き下し】 始皇 以為《おも》へらく、咸陽は人 多きも、先王の宮庭 小なりと。乃ち朝宮を渭南《いなん》の上林苑の中に営作せんとし、先づ前殿を阿房に作る。東西五百歩、南北五十丈、上には万人を坐せしむ可く、下には五丈の旗を建つ可し。周馳して閣道《かくどう》を為《つく》る。殿下より直ちに南山に抵《あた》る。南山の顛《いただき》に表《きわだ》たせて以て闕と為し、複道を為り、阿房より渭を渡り、之を咸陽に属す。以て天極の閣道 漢を絶ちて営室に抵《あた》るに象《かたど》るなり。阿房の宮 未だ成らず、成らば更に令名を撰ばんと欲す。天下 之を阿房宮と謂ふ。

始皇の人と為り、天性 剛戻にして自ら用ひ、天下の事 大小と無く、皆 上に決す。衡石を以て書を量るに至る。日夜 程有り、休息するを得ず。権勢を貪ること此の如きに至れり。

秦に出でて使《つかひ》する者有り。還るに人の璧を持ち之に授くるに遇ふ。曰く、「吾が為に滈池君に遺《おく》れ。明年 祖竜 死せん」と。

三十七年、始皇 出遊す。丞相の斯《し》・少子の胡亥・宦者の趙高 従ふ。始皇 沙丘の平台に崩ず。秘して喪を発せず。詐りて詔を受くと為し、胡亥を立て、扶蘇に死を賜ふ。始皇を轀輬車の中に載せ、一石の鮑魚を以て其の臭を乱し、咸陽に至り始めて喪を発す。胡亥 位に即く。是れ二世皇帝為《た》り。

二世皇帝名は胡亥。元年、東のかた郡県を行《めぐ》る。趙高に謂《い》ひて曰く、吾 耳目の好む所を悉《つ》くし、心志の楽しみを窮《きわ》めて、以て吾が年を終へんと欲す、と。高曰く、陛下 法を厳にし刑を刻にし、尽《ことごと》く故臣を除き、更《あらた》めて親信する所を置かば、則ち枕を高くし志を 肆《ほしいまま》にせられん、と。二世 之を然《しか》りとし、更めて法律を為《つく》り、務めて益々刻深にす。公子・大臣 多く僇死《りくし》す。

【現代語訳】　始皇帝は、咸陽は人が多いのに、先代の（築かれた）宮殿は小さいと考えた。そこで朝宮を渭水の南の上林苑の中に建ようとして、まず前殿を阿房《あぼう》に造った。（その大きさは）東西が五百歩（約675ｍ）、南北が五十丈（約115ｍ）あり、殿上には一万人を坐らせることができ、殿下には高さ五丈の旗を立てられた。（宮殿と宮殿を）めぐらせる（高いところに）回廊をかけ渡した。前殿の下からそのまま南山に行くことができた。南山の頂《いただき》を目だつように闕《けつ》（宮門）として、複《ふく》道《どう》をつくり、阿房から渭水をわたり、これを咸陽へ連結させた。それは天極《てんきょく》星から閣道星が天の河を横切って営室星へ至ることにかたどっている。阿房の宮殿は未完成であり、完成次第改めてよい名を選ぶつもりであった。天下（の人々）はこれを阿房宮と呼んだ。

始皇帝の人となりは、生まれつき剛情で人の言を用いず、天下の政事は大小となく、すべて皇帝が決裁した。（このため、決裁する文書が多く）秤で文書をはか（り、決裁する量を定め）るに至った。昼夜（の分量）にきまりがあり、休むことができなかった。（始皇帝が）権勢を貪ることはこのようであった。

秦に使者に出かけた者がある。帰りがけに男が璧を持ち授けてきた。（そして）「わたしのためにこれを（水神の）滈池君《こうちくん》におくってくれ。来年祖竜《そりゅう》（始皇帝）が死ぬだろう」といった。

（始皇帝の）三十七年、始皇帝は視察の旅に出た。丞相《じょうしょう》の李斯・末子の胡亥《こがい》・宦官の趙高《ちょうこう》が従った。（その途上）始皇帝は沙丘《さきゅう》の平台で崩御した。（李斯と趙高は）隠して喪を発しなかった。偽って（始皇帝の）詔を受けたとし、胡亥を立て（皇太子とし）、（長子の）扶蘇《ふそ》に自殺を命じた。始皇帝（の遺体）を轀輬車《おんりょうしゃ》に載せ、一石（約20ℓ）の鮑魚《ほうぎょ》を積んでその臭気を紛らし、咸陽に至って始めて喪を発した。胡亥が（皇帝の）位についた。これが二世皇帝である。

二世皇帝は名を胡亥という。（二世皇帝の）元年、東方の郡県を巡察した。趙高に、「吾は耳目の好みをつくし、心の楽しみを窮めて、わが一生を終わりたい」といった。趙高は、「陛下（そのためには）法を厳しく刑を重くし、ことごとく先帝の重用された臣を除き、改めて（陛下が）親任されるものを用いれば、枕を高くして思うままにできましょう」と申し上げた。二世はこれをもっともであるとし、改めて法律をつくり、できるだけ厳しくした。（そのため）公子や大臣は多く刑死した。

解説・鑑賞

●秦の滅亡

始皇帝は、外政では、前二一五年に蒙恬《もうてん》を将軍として匈奴《きょうど》を討ち、戦国諸国の長城を修復して「万里の長城」を築きあげ、異民族の侵入を防いだ。また、南方では華南一帯を領土に収め、東方の朝鮮にも軍を進めて、東アジアにおける最初の大帝国を築きあげた。

始皇帝はまた、皇帝としての威厳の象徴として「阿房宮《あぼうきゅう》」と「驪山陵《りざんりょう》」を建造した。一万人が座ることができるとされた広大な規模の阿房宮前殿は、現在西安市の北西にその土壇の遺跡をとどめ、また西安市の東、臨潼《りんどう》県付近には、始皇帝の陵墓である驪山陵が残っており、ともに空前の大土木工事のようすがをとどめる。

前二一〇年に始皇帝が没すると、二世皇帝として、宦官の趙高《ちょうこう》に擁立された胡亥《こがい》が即位する。この時期から国内では、大土木工事、対外戦争などにおける民の動員と負担の強化などが招いた農民反乱が激化し始める。前二〇九年の陳勝《ちんしょう》・呉広《ごこう》の乱を最初とし、やがてそれは全国に波及して項羽《こうう》と劉邦《りゅうほう》の挙兵へとつながり、前二〇七年、秦帝国は、統一後わずか一五年で滅亡していく。

秦の滅亡は、農民の抵抗が発端となってはいるが、その背後には、戦国時代の東方六国を中心とした封建《ほうけん》制の維持を指向する氏族《しぞく》集団の抵抗が存在していた。たしかに、氏族制の解体は春秋《しゅんじゅう》時代から進んでおり、秦による統一はそのような社会変動が生み出したものであった。しかし、秦は、新たに生まれた中央集権的専制体制をあまりに早急に、また全国一律に徹底的に推し進めたため、旧体制維持勢力の結集をまねき、滅亡を早めたのである。最も氏族制の解体が遅れていた楚から、項羽と劉邦が現れたことは偶然ではない。

始皇帝の目指した中央集権的専制国家の確立は、前漢《ぜんかん》の武帝《ぶてい》期まで待たなければならなかった。

第一一回　陳勝・呉広の乱

陽城《ノ》人《タル》陳勝字《ハ》渉。少《クシテ》与人傭耕《ス》。輟《メテ》耕《ヲ》之《ゆキ》隴上《ニ》、悵然《タルコト》久《シクシテ》之曰《ク》、苟《もシ》富貴《トナルモ》無《ケント》相忘《ルルコト》。傭者笑《ヒテ》曰《ク》、若《なんぢ》為《リ》傭耕、何《ゾ》富貴《ト》也《ント》。勝大息《シテ》曰《ク》、嗟呼、燕雀安《クンゾ》知《ラン》鴻鵠之志《ヲ》哉《ト》。至《リ》是《ニ》与《ともニ》呉広《ト》起《ス》兵《ヲ》于蘄《きんニ》。時《ニ》発《シテ》閭左《ヲ》戍《まもラシム》漁陽《ヲ》。勝・広為《リ》屯長。会《ヒ》大雨《ニ》、道不通《ゼ》。乃《チ》召《シテ》徒属《ヲ》曰《ク》、公等失《フ》期《ヲ》。法当《とうス》斬《ニ》。壮士不《ンバ》死《セ》則《チ》已《ム》、死《セバ》則《チ》挙《ゲンノミ》大名《ヲ》。王・侯・将・相、寧《クンゾ》有《ラン》種乎《ト》。衆皆従《フ》之《ニ》。乃《チ》詐《リテ》称《シ》公子《ノ》扶蘇・項燕《ト》、称《ス》大楚《ト》。勝《ハ》自立《シテ》為《リ》将軍《ト》、広《ハ》為《ル》都

悵然　志を得ないで嘆くさま。

蘄　安徽省の地名。

閭左　閭は村里の門。閭左とは村里の左側に住む者ということ。秦は貧民を左側に、それ以外を右側に住ませ、貧民の賦役を免除していた。

漁陽　河北省の地名。

当　トウと音読し、罪に当たるという意味。

公子扶蘇・項燕　扶蘇は始皇帝の長子で、始皇帝を諌めてその怒りに触れ、上郡に追われた。始皇帝が崩ずると少子の胡亥は丞相の李斯・宦者の趙高らと謀って、これに死を賜わった。また、項燕は楚の良将で、秦と戦って死んだが、楚人はこれを慕い、項燕は死んでないと言い伝えていた。

都尉　武人の官。

張耳　もと信陵君の食客。のち趙の右丞相となった。

陳余　張耳と刎頸の交わりを結ぶ。のち趙の上将軍となった。

尉ト一。大梁ノ張耳・陳余、詣リテ二軍門ニ一上謁ス。
勝大イニ喜ビ、自立シテ為リレ王ト、号ス二張楚ト一。諸郡
県ノ苦シムモノ二秦ノ法ニ一、争ヒテ殺シテ二長吏ヲ一以テ応ズ渉ニ。

上謁 謁は名札。名札をたてまつるという意味で、本来は君主にお目通りすること。

張楚 楚国を拡大して盛んにしようとする意味が含まれる。

長吏 ここでは郡や県の長官をいう。

【書き下し】 陽城の人たる陳勝 字は渉。少《わか》くして人と傭耕《ようこう》す。耕を輟《や》めて隴上《ろうじょう》に之《ゆ》き、悵然《ちょうぜん》たること久しくして曰く、「苟《も》し富貴となるも相《あい》 忘るること無けん」と。傭者 笑ひて曰く、「若《なんぢ》傭耕為《た》り、何《なん》ぞ富貴とならん」と。勝 大息して曰く、「嗟呼《ああ》、燕雀《えんじゃく》安《いづ》くんぞ鴻鵠《こうこく》の志を知らんや」と。是に至り呉広と与《とも》に兵を蘄に起す。時に閭左《りょさ》を発して漁陽を戍《まも》らしむ。勝・広は屯長《とんちょう》為り。大雨に会ひ、道 通ぜず。乃ち徒属を召して曰く、「公ら期を失ふ。法 斬に当《とう》す。壮士 死せずんば則ち已《や》む、死せば則ち大名《たいめい》を挙げんのみ。王・侯・将・相、寧《いづ》くんぞ種有らんや」と。衆 皆 之に従ふ。乃ち詐《いつ》りて公子の扶蘇・項燕と称し、大楚と称す。勝は自立して将軍と為り、広は都尉と為る。大梁の張耳・陳余、軍門に詣《いた》りて上謁《じょうえつ》す。勝 大いに喜び、自立して王と為り、張楚と号す。諸郡県の秦の法に苦しむもの、争ひて長吏を殺して以て渉に応ず。

【現代語訳】 陽城《ようじょう》の人である陳勝《ちんしょう》は、字を渉《しょう》といった。若いとき人に雇われて（畑を）耕した。（ある日のこと）耕すことを止め小高い場所に行き、しばらく（志を得ないことを）嘆いたあとで（仲間に）、「もし富貴になっても互いに忘れないようにしよう」と言った。（仲間の）日傭《ひやとい》たちは、「おまえは雇われて耕作している身分で、どうして富貴になれるのか」と笑った。陳勝は大きくため息をついて、「ああ、燕や雀にどうして鴻や鵠の志が分かるものか」と言った。ここにおいて呉広と一緒に、蘄《き》で挙兵した。そのとき（秦は）村の左側に住んでいる（賦役免除の貧）民までを徴発して、漁陽郡《ぎょようぐん》の守備に当たらせていた。陳勝と呉広は屯の隊長であった。折から大雨で、交通は杜絶した。そこで部下を集めて、「君たちは（漁陽に到着する）期限に間に合わない。軍法では死刑に相当する。壮士は死なずにおれればそれもよいが、死ぬのであれば大きな名を挙げるだけだ。王・諸侯・将軍・宰相も、どうして生まれながらにそうであっただろうか」と言った。部下はみな陳勝に従った。そこ

で（陳勝と呉広は秦の）公子の扶蘇《ふそ》と（楚の名将）項燕《こうえん》と偽り、（国名を）大楚《たいそ》と称した。陳勝は自ら立って将軍となり、呉広は都尉《とい》となった。時に大梁《たいりょう》の人で張耳《ちょうじ》と陳余《ちんよ》の二人が陣営に来て面会を願い出た。勝は大いに喜んで、ついに自ら王の位につき、国号も（景気をつけて）張楚《ちょうそ》と改めた。するると、あちこちの郡や県で、秦のきびしすぎる法令に苦しんでいたものが、われさきにと長官を殺して陳勝に味方した。

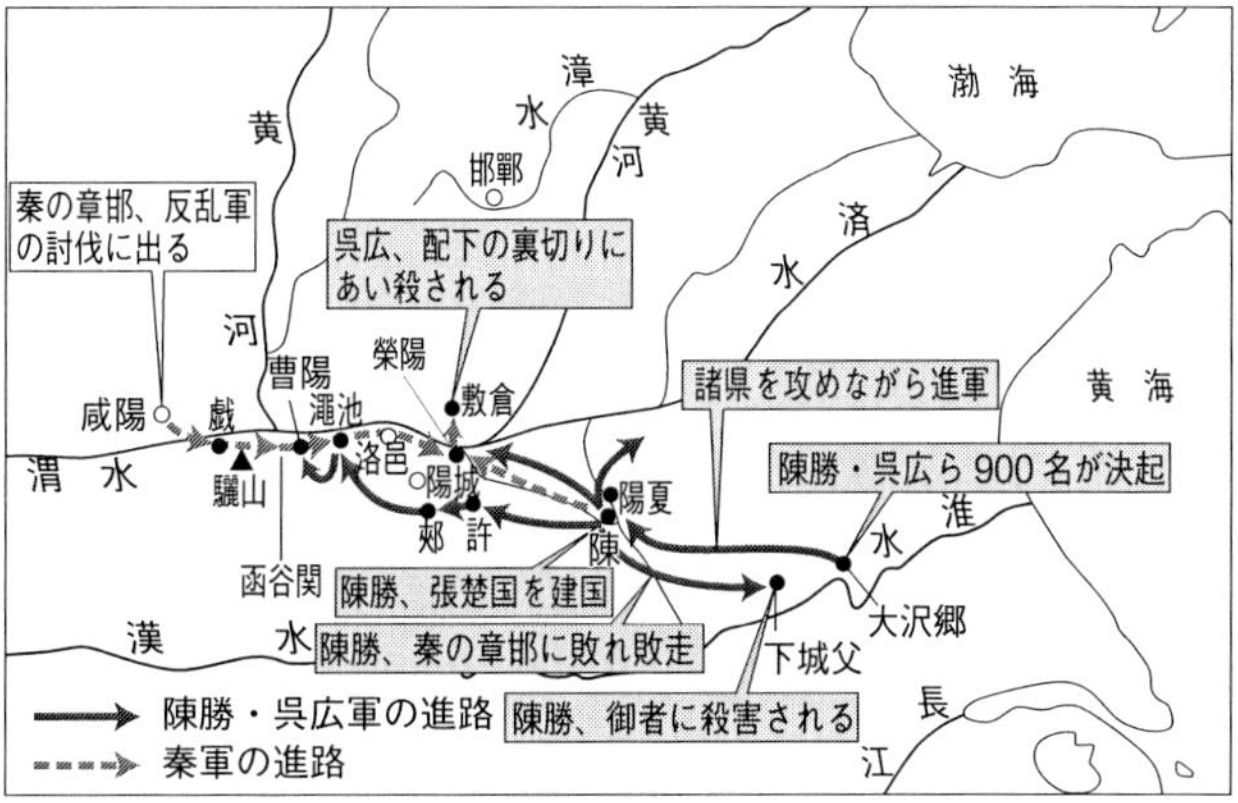

陳勝・呉広の乱

陳勝は呉広と共に中国史上、最初の農民反乱を起こし、張楚を建国したが、秦軍に敗れた。

解説・鑑賞

●中国史上最初の農民反乱

秦《しん》以降の中国国家は、秦が始めた郡県制《ぐんけんせい》など統治機構が内部から崩壊し、封建制《ほうけんせい》へと移行する、という形で国家が滅亡することはなかった。郡県制などの中央集権的な統治機構はそのままに、国家全体が農民反乱に覆され

たのである。ただし、反乱の主体となった農民のための国家は、毛沢東の中華人民共和国まで生まれることはなく、農民反乱の後は、その指導者が皇帝となり、秦と同じような中央集権国家が再編され、それが農民反乱で滅亡するまで続く歴史を繰り返した。

陳勝と呉広は、ともに秦の二世皇帝の元年（前二〇九）、辺境防備のために徴発され、九百人の里人と漁陽郡《ぎょようぐん》（河北省密雲県）に向かったが、大沢郷《だいたくきょう》（安徽省宿県）で大雨にあい、到着の期日に間に合わなくなった。どのみち死罪を免れないと悟った両人は、農民を扇動して挙兵に踏み切る。このとき、「王侯将相いずくんぞ種あらんや」と唱えたことは、秦の統一後も、依然として戦国時代の下克上の風潮が生きていたことを物語る。事実、陳勝は、こののち張楚の王となった。

また、日雇い労働者だったころに語ったという「燕《えん》雀《じゃく》安《いず》んぞ鴻鵠《こうこく》の志を知らんや」という言葉は、ツバメやスズメのような小さな鳥には、オオトリやコウノトリのような大きな鳥の志すところは理解できないという意味であり、小人物には大人物の考えや志がわからない、という譬《たと》えとして、日本でも故事成語として用いられた。

かれらは瞬く間に勢力を拡大し、陳県《ちんけん》（河南省淮陽県）を根拠地に自立して、国名を張楚《ちょうそ》と号した。ついで、秦の都の咸陽《かんよう》攻略を目指した。しかし、章邯《しょうかん》が率いる秦軍の反撃に敗れ、二人は相継いで部下に殺害された。この結果、反乱は、わずか六ヵ月で鎮圧されたが、これを契機に、項羽《こうう》や劉邦《りゅうほう》たち群雄が蜂起し、ついには秦を滅亡へと追いこんでいく。

司馬遷《しばせん》の『史記《しき》』は、強力な秦に対して初めて兵を挙げた二人の功績を高く評価して、陳勝（陳渉）の伝記を世家《せいか》に記した。世家は、世々諸侯となった家を記す部分であり、六ヵ月で敗退した陳勝を世家に描くことは、自らが定めた紀伝体《きでんたい》の体裁を破るものである。司馬遷は、それでも陳渉世家を立て、中国史上初の農民反乱の指導者の名を高く後世に知らしめたのである。

第一二回　赤帝の子

漢《ノ》太祖高皇帝《ハ》堯之後《ニシテ》、姓《ハ》劉氏、名《ハ》邦、字《ハ》季。沛《ノ》豊邑中陽里《ノ》人也。母《ノ》媼息《ヒテ》大沢之陂《ニ》、夢《ニ》与神遇《フ》。時《ニ》大《イニ》雷雨晦冥《ナリ》。父《ノ》太公往《キテ》、見《ル》交竜《ヲ》其《ノ》上《ニ》。已《ニシテ》而産《ム》劉季《ヲ》。隆準《ニシテ》而竜顔、美鬚髯《アリ》。左股《ニ》有《リ》七十二《ノ》黒子。寛仁《ニシテ》愛《シ》人《ヲ》、意豁如也。有《リテ》大度、不事《トセ》家人《ノ》生産《ヲ》。

及《ビ》壮《ナルニ》為《ル》泗上《ノ》亭長《ト》。嘗《テ》繇役《シ》咸陽《ニ》、縦《ニ》観《テ》秦《ノ》皇帝《ヲ》曰《ク》、嗟乎、大丈夫当《ニ》如《クナル》此《ノ》矣。単父《ノ》人呂公好《ミテ》相《スル》人《ヲ》。見《テ》劉季《ノ》状貌《ヲ》曰《ク》、吾相《スルコト》人《ヲ》多《シ》矣。

太祖高皇帝　太祖は劉邦の廟号。高祖ともいう。高皇帝は諡号。

堯　古の帝王。五帝の一人。漢はその末裔であるとの説は、前漢の後半期に成立した。

太公　祖父または父の尊称。ここでは劉邦の父。

交竜　『史記』には蛟竜とある。ミズチと呼ばれる竜の一種で、よく大水を起こすという。

隆準　準はハナバシラ（この場合には音セツ）。高いはなばしらのこと。

竜顔　竜のようなカオをいう。非凡の相。ここでは天子となる顔の意。

鬚髯　鬚はアゴヒゲ。髯はホオヒゲ。

黒子　ほくろ。

豁如　心がさわやかで、こせつかない。

大度　大きな志。

家人　官に仕えずに家にいる人の意。庶民。

生産　なりわい。生業。

亭長　亭は旅人をとめる宿場の意。秦の制では十里に一亭があり、その亭に長を置いた。亭長は盗賊を取

無《シ》レ如《クハ》二季《ノ》相《ニ》一。願《ハクハ》季自愛《セヨ》。吾有《リ》二息女一、願《ハクハ》為《サント》二箕帚《ノ》妾《ト》一。卒《ニ》与《フ》二劉季《ニ》一。即《チ》呂后也。

劉季為《ニ》レ県《ノ》送《ル》二徒《ヲ》驪山《ニ》一。徒多《ク》道《ニ》亡《グ》。自《ラ》度《ルニ》、比《ころほひニハ》レ至《ル》尽《ク》亡《ハント》レ之《ヲ》。到《リテ》二豊《ノ》西《ニ》一止《マリ》飲《ム》。夜乃《チ》解《キ》二‐縦《チテ》所《ノ》レ送《ル》徒《ヲ》一曰《ク》、公等皆去《レ》。吾亦《タ》従《リ》レ此逝《カント》矣。徒中《ノ》壮士、願《フ》レ従《ハント》者十余人《アリ》。季被《くはへテ》レ酒《ヲ》、夜径《ル》二沢中《ヲ》一。有《リテ》二大蛇一当《タル》レ径《ニ》。季抜《キテ》レ剣《ヲ》斬《ル》レ之《ヲ》。後《ルル》人来《タリ》、至《ル》二蛇《ノ》所《ニ》一。有《リ》二老嫗一。哭《シテ》曰《ク》、吾《ガ》子《ハ》白帝《ノ》子也。今者赤帝《ノ》子斬《ルト》レ之《ヲ》。因《リテ》忽《チ》不レ見《エ》。後《ルル》人告《グ》二劉季《ニ》一。劉季心《ニ》独《リ》喜《ビテ》自負《ス》。諸《ノ》従《フ》者日《ニ》益《ゞ》畏《ル》レ之《ヲ》。陳勝《ノ》起《ルヤ》、劉季《モ》亦《タ》起《シテ》二兵《ヲ》於沛《ニ》一、以《テ》応《ズ》二諸

り締まることを掌る。

縦観　縦はホシイママの意。当時、天子の行列を見たことを言う。

相す　人相をみること。

箕帚妾　箕はちりとり、帚はほうき。従ってちりとりとほうきをとって掃除するいやしい女の義で、妻となることの謙遜。

驪山　山名。陝西省にある。そこに始皇を葬る陵を造るため、郡県から多くの囚人を人夫として徴発した。

徒　囚徒。

白帝　秦は西方にあり、西は五行（木・火・土・金・水）に配当すると金に属し、五色に配当すると白に属する。故に白帝の子とは秦の皇帝をいう。

自負　自分の才智をたのみほこること。

赤帝　帝堯はのちに火徳で赤をシンボルカラーとするとされた。劉季は堯の子孫とされる。

侯ニ一。旗幟皆赤シ。

【書き下し】漢の太祖高皇帝は堯の後にして、姓は劉氏、名は邦、字は季。沛の豊邑の中陽里の人なり。母の媼 大沢の陂《ひ》に息《いこ》ひて、夢に神と遇ふ。時に大いに雷雨して晦冥《かいめい》なり。父の太公 往《ゆ》きて、交竜《こうりゅう》を其の上に見る。已《すで》にして劉季を産む。隆準《りゅうせつ》にして竜顔《りゅうがん》、美鬚髯《びしゅぜん》あり。左股《さこ》に七十二の黒子《こくし》有り。寛仁にして人を愛し、意 豁如《かつじょ》たり。大度《だいど》有りて、家人の生産を事とせず。

壮なるに及び泗上の亭長と為る。嘗て咸陽に繇《よう》役し、秦の皇帝を縦観《じゅうかん》して曰く、「嗟乎《ああ》、大丈夫 当《まさ》に此《かく》の如《ごと》くなるべし」と。単父の人たる呂公、好みて人を相《そう》す。劉季の状貌を見て曰く、「吾 人を相すること多し。季の相に如《し》くは無し。願はくは季 自愛せよ。吾に息女《そくじょ》有り、願はくは箕帚《きそう》の妾《しょう》と為さん」と。卒《つい》に劉季に与ふ。即ち呂后なり。劉季 県の為に徒《と》を驪山に送る。徒 多く道に亡《に》ぐ。自ら度《はか》るに、至る比には尽く之を亡《うしな》はんと。豊《ほう》の西に到りて止まり飲む。夜 乃ち送る所の徒を解き縦《はな》ちて曰く、「公ら皆 去れ。吾も亦た此より逝《ゆ》かん」と。徒中の壮士、従はんと願ふ者十余人あり。季 酒を被《くは》へて、夜 沢中を径《めぐ》る。大蛇有りて径に当たる。季 剣を抜きて之を斬る。後るる人来たり、蛇の所に至る。老嫗《ろうおう》有り。哭して曰く、「吾が子は白帝の子なり。今者《いま》赤帝の子 之を斬る」と。因りて忽《たちま》ち見えず。後るる人 劉季に告ぐ。劉季 心に独《ひと》り喜びて自負す。諸《もろもろ》の従ふ者、日に益〻之を畏る。陳勝の起るや、劉季も亦た兵を沛に起して、以て諸侯に応ず。旗幟《きし》 皆 赤し。

【現代語訳】漢の高祖の高皇帝は堯《ぎょう》の末裔で、姓は劉《りゅう》氏、名は邦《ほう》、字《あざな》は季《き》といい、沛郡《はいぐん》の豊邑《ほうゆう》の中陽里《ちゅうようり》の生まれである。その母の媼《おん》は、かつて大きな沢の堤で休息していたとき、夢で神と出会った。折から大いに雷雨がふり（あたりは）まっくらになった。父の太公《たいこう》が（迎えに）行くと、蛟竜《みずち》が媼の上にいるのが見えた。そののち媼は劉季を産んだ。（劉季は）鼻が高く、顔が竜のようで、ひげが美しかった。左の股に七十二のほくろがあった。心ひろく人を愛し、さっぱりしていた。大きな志を持ち、庶民の生業《なりわい》を行わなかった。

（劉季は）壮年になると泗上《しじょう》の亭長《ていちょう》になった。あるとき咸陽《かんよう》に夫役に出て、秦の始皇帝（の巡行）を見物して、「ああ、立派な男子は、このようでなければならない」と言った。単父《ぜんほ》の人である呂公《りょこう》は、好んで人相を見たが、劉季の顔つきを見て、「わたしは人の相を多く見てきた。（その中で）季の人相に比べられる（ほど高貴な）ものはない。願わくは自分を大事になさい。わたしに一人の娘がいる。どうかあなたの召使にしてほしい」と言った。かくて（娘を）劉季に与えた。これが呂后《りょこう》である。

劉季は（やがて泗上の亭長として）県のために囚人を驪山《りざん》に護送した。（ところが）囚人は多く途中で逃げた。自分で考えて、（驪山へ）着くころには、すべて逃げてしまうと思った。（そこで劉季は）豊邑《ほうゆう》の西に到着すると止まって酒を飲んだ。夜になると護送して来た囚人を解き放ち、「きみたちはみな（どこへでも）去れ、わたしもここから行こう」と言った。囚人中の壮士で、従うことを申し出たものが十人余りいた。劉季は酒をひっかけ、夜中に沼地の中を通った。（すると）大蛇が道に横たわっていた。季は剣を抜いてこれを斬った。遅れてきたものが大蛇の所まで来た。一人の老婆がいた。大声で泣いて、「わが子は白帝の子であるが、いま赤帝の子がこれを斬り殺した」と言った。（老婆の姿は）たちまち見えなくなった。遅れてきたものが劉季にこれを告げた。劉季は心の中で独り喜び自信をつけた。大勢の手下どもは、日増しに劉季を畏れた。陳勝が兵を起こすと、劉季もまた兵を沛に起こして、諸侯に応じた。旗さしものはみな赤色とした。

項羽と劉邦

項羽も劉邦ももとは楚の国の出身であった。陳勝・呉広を含め、秦の統一政策に楚では不満がたまっていた。

解説・鑑賞

●感生帝説

感生帝《かんせいてい》説とは、天命を受けた国家の始祖は通常の出産ではなく、その母が異物に感じて帝王を孕《はら》むという考え方である。その成立に大きな影響を与えた記録の一つが、劉邦は、赤帝の子で、白帝を斬ったという『史記』の記述である。ただし、『史記』には、劉邦が堯《ぎょう》の末裔である、との記述はない。

木→火→土→金→水という五行《ごぎょう》（世界を構成する五つの要素）の相生《そうしょう》説（木に火がつくという形で、次の五行が生まれる）に基づいて、漢を火徳《かとく》（そのシンボルカラーが赤）とし、同じく火徳である堯の子孫と記録したのは、前漢末の劉歆《りゅうきん》の影響を受けた班固《はんご》の『漢書《かんじょ》』だからである。

『十八史略』は、蛇となった白帝の子を赤帝の子が斬った、という劉邦の説話を論理的に説明できている『漢書』の記述を重視して、この部分の冒頭に、劉邦が堯の後裔であることを書き加えたのである。

漢の高祖である劉邦が、赤帝という天帝の子であるという伝説を持つことは、後漢で国教（前漢武帝《ぶてい》期とするのは、『漢書』の仮託）となる儒教《じゅきょう》の経義《けいぎ》に大きな影響を与えた。漢の儒教を集大成した後漢末の鄭玄《じょうげん》は、六《りく》天説《てんせつ》という自らの理論を構成するための論理として、感生帝説を重視した。そこでは、劉邦は赤帝赤熛怒《せきていせきひょうど》という感生帝の精に感じて生まれることで、漢という国家を天命を受けて創設した、と理解される。赤帝赤熛怒は、漢の守護神なのである。

こうした鄭玄の理解は、『詩含神霧《しがんしんむ》』という図讖《としん》（経《けい》書《しょ》を補うために擬作された緯書《いしょ》の一種）に、「赤龍《せきりゅう》は女《じょ》媼《おん》（劉邦の母である劉媼）を感じさせ、劉季（劉邦）が勃興した」とあることに基づく。後漢では、劉邦は、赤帝赤熛怒の精である赤龍によって妊娠した劉媼の子である、と認識されていたのである。

第一三回　項羽の挙兵

項梁《ナル》者《ハ》、楚《ノ》将《タル》項燕之子也。嘗《テ》殺《シ》レ人《ヲ》、与二兄《ノ》子《タル》籍一、避《ク》二仇《ヲ》呉中《ニ》一。籍字《ハ》羽、少《キ》時学《ビテ》レ書《ヲ》不レ成《ラ》。去《リテ》学《ブ》レ剣《ヲ》。又不レ成《ラ》。梁怒《ル》。籍曰《ク》、書《ハ》足《ル》三以《テ》記《スルニ》二姓名《ヲ》一而已、剣《ハ》一人《ノ》敵《ナリ》、不レ足《ラ》レ学《ブニ》。学《バント》二万人《ノ》敵《ヲ》一。梁乃《チ》教《フ》二籍《ニ》兵法《ヲ》一。会稽《ノ》守《タル》殷通、欲《シ》三起《シテ》レ兵《ヲ》応《ゼント》二陳渉《ニ》一、使《ム》二梁《ヲシテ》為《ラ》レ将《ト》。梁使《メ》二籍《ヨシテ》斬《ラ》レ通《ヲ》、佩《ブ》二其《ノ》印綬《ヲ》一。遂《ニ》挙《ゲ》二呉中《ノ》兵《ヲ》一、得《タリ》二八千人《ヲ》一。籍為《ル》二裨将《ト》一。時《ニ》年二十四。

斉《ノ》人《タル》田儋、自立《シテ》為《ル》二斉王《ト》一。

趙王《ノ》武臣、使《ム》三将《ノ》韓広《ヲシテ》略《セ》二燕《ノ》地《ヲ》一。広《ハ》自立《シテ》為《ル》二燕王《ト》一。

項燕　楚の名将。

呉中　呉の地方という意味。呉は今の江蘇省一帯をいう。

会稽　秦の時の郡名。今の江蘇省にある。

印　政府から官職のしるしとして役人に賜わる官印。

綬　印を身に帯びるためのクミヒモ。

佩　身につけること。

田儋　戦国時代の斉王の末裔。陳勝・呉広の乱を機に自立した。

武臣　陳勝の将軍。陳余の進言で趙王となった。

韓広　武臣の将軍。燕で自立して王となった。

楚《ノ》将《タル》周市、定二《メ》魏《ノ》地一《ヲ》、迎二《ヘ》魏《ノ》公子《タル》咎一《ヲ》、立《テテ》為二《ス》魏王一《ト》。

二年、県広為二《ル》其《ノ》下《ノ》所レ《ト》殺《ス》。

陳勝為二《ル》其《ノ》御《タル》荘賈《ノ》所レ《ト》殺《ス》。以《テ》降レ《ル》秦《ニ》。

秦《ノ》将《タル》章邯撃レ《ツ》魏《ヲ》。斉・楚救レ《フ》之《ヲ》。斉王《ノ》儋・魏王《ノ》咎、与二《ニ》周市一《ト》、皆敗死《ス》。趙王《ノ》武臣、為二《ル》其《ノ》将《タル》李良《ノ》所レ《ト》殺《ス》。張耳・陳余、立二《テテ》趙歇一《ヲ》為レ《ス》王《ト》。

居巣《ノ》人《タル》范増、年七十、好二《ム》奇計一《ヲ》。往《キテ》説二《キテ》項梁一《ニ》曰《ク》、陳勝首レ《ム》事《ヲ》。不レ《シテ》立二《テ》楚《ノ》後一《ヲ》而自立《ス》。其《ノ》勢《ヒ》不レ長《カラ》。今君起二《リ》江東一《ニ》、楚《ノ》蜂起之将、争《ヒテ》附レ《ク》君《ニ》者《は》、以三《ヘバ》君《ノ》世世楚《ノ》将《ニシテ》、必《ズ》能《ク》復《タ》立二《テンコトヲ》楚之後一《ヲ》

周市 陳勝の将軍。魏咎を魏王とした。

公子咎 もと魏の寧陵君。

趙歇 趙王の子孫。

居巣 県名。今の安徽省にあった。

江東 長江は九江付近から下は斜に北流して地を東西に分ける。その東部を江東という。

也。於是項梁求楚懐王孫心、
立為楚懐王、以従民望。

懐王 秦の張儀の謀略により、秦に幽閉されて死んだ。
心 懐王の孫。羊飼いとして暮らしていた。のち義帝となるが、項羽に殺される。

【書き下し】 項梁なる者は、楚の将たる項燕の子なり。嘗《かつ》て人を殺し、兄の子たる籍と、仇を呉中に避く。籍 字は羽、少《わか》き時 書を学びて成らず。去りて剣を学ぶ。又 成らず。梁 怒る。籍曰く、「書は以て姓名を記するに足るのみ、剣は一人の敵なり、学ぶに足らず。万人の敵を学ばん」と。梁 乃ち籍に兵法を教ふ。会稽の守たる殷通、兵を起して陳渉に応ぜんと欲し、梁をして将と為《な》らしむ。梁 籍をして通を斬らしめ、其の印綬《いんじゅ》を佩《お》ぶ。遂に呉中の兵を挙げ、八千人を得たり。籍 裨将《ひしょう》と為る。時に年二十四。

斉の人たる田儋、自立して斉王と為る。

趙王の武臣、将の韓広をして燕の地を略せしむ。広は自立して燕王と為る。

楚の将たる周市、魏《ぎ》の地を定め、魏の公子たる咎を迎へ、立てて魏王と為す。

二年、呉広 其の下の殺す所と為る。

陳勝 其の御たる荘賈の殺す所と為る。以て秦に降る。

秦の将たる章邯 魏を撃つ。斉・楚 之を救ふ。斉王の儋・魏王の咎、周市と与《とも》に、皆 敗死す。

趙王の武臣、其の将たる李良の殺す所と為る。張耳・陳余、趙歇を立てて王と為す。

居巣の人たる范増、年七十、奇計《きけい》を好む。往きて項梁に説きて曰く、「陳勝 事を首《はじ》む。楚の後を立てずして自立す。其の勢ひ長からじ。今 君 江東に起り、楚の蜂起の将、争ひて君に附くは、君の世世 楚の将にして、必ず能く復た楚の後を立てんことを以《おも》へばなり」と。是に於て項梁は楚の懐王の孫たる心を求め得て、立てて楚の懐王と為して、以て民の望に従ふ。

【現代語訳】 項梁《こうりょう》というものは楚の将である項燕《こうえん》の子である。かつて人を殺して、兄の子の項籍《せき》と仇《あだ》を避けて呉の地方に逃げていた。籍は字《あざな》を羽といい、わかいころ読み書きを学んだが上達しなかった。やめて剣術を学んだ。これも上達しなかった。（叔父の）項梁《こうりょう》が怒った。すると項籍は、「文字は自分の姓名を書くのに役立つだけであり、剣術は一人の敵を相手にするに過ぎない。万人の敵に打ち勝つ法を学びたい」と言った。項梁はそこで項籍に兵法を教えた。やがて会稽郡《かいけいぐん》の守《しゅ》（行政長官）である殷通《いんつう》が、兵を起こして陳渉《ちんしょう》に味方しようとし、項梁を将とさせた。（ところが）項梁は項籍に殷通を殺させ、その官職を奪い取った。かくて呉の兵を集め、八千人を得た。籍は副将となった。時に年二十四であった。

斉《せい》の人である田儋《でんたん》が自立して斉王となった。

趙《ちょう》王の武臣《ぶしん》が、将の韓広《かんこう》に燕《えん》の地を攻略させた。（ところが）韓広は自立して燕王となった。

（張）楚《そ》（王である陳勝）の将である周市《しゅうし》は、魏の地を平定し、魏の公子である魏咎《きゅう》を迎え、（これを）立てて魏王とした。

（二世皇帝の即位）二年、呉広《ごこう》はその部下（である副将の田蔵）に殺された。

陳勝《ちんしょう》はその御者である荘賈《そうか》に殺された。（賈は）秦《しん》に降参した。

秦の将である章邯《しょうかん》が魏を撃った。斉と楚は魏を救援した。（しかし）斉王の田儋・魏王の魏咎も、（魏将の）周市と共に、みな敗れて死んだ。

趙王の武臣は、その将である李良《りりょう》に殺された。（そこで趙将の）張耳《ちょうじ》と陳余《ちんよ》は、趙歇《ちょうけつ》を立てて趙王とした。

居巣《きょそう》の人である范増《はんぞう》は、年は七十で、人の思いもつかぬ計略を好んだ。行って項梁に説いて、「いま陳勝は大事（秦に対する反乱）を始めました。（ところが）楚王の子孫を立てず自らが立ちました、その勢力は長くは続かないでしょう。いま公は江東に起こり、楚の将たちが、われ先にと公に付き従うのは、公の家が代々楚の将で、必ずまた楚王の子孫を立てるであろうと思っているためです」と言った。こうして項梁は楚の懐王《かいおう》の孫である心《しん》を捜し出し、立てて楚の懐王として、民の希望に添った。

解説・鑑賞

●江東の覇王

漢を建国した劉邦《りゅうほう》と天下を争った項羽《こうう》（『史記』は字《あざな》の羽で記し、『漢書』は名の籍《せき》で記す。『十八史略』は『漢書』に従っている）は、「江東《こうとう》の覇王《はおう》」と呼ばれる。一時は、劉邦を圧倒し、天下に覇を唱えたからである。

項羽は、楚の将軍であった項燕《こうえん》の孫である。項氏は代々楚の将軍を務めた家柄であった。項羽は両親を早くに亡くしたため、叔父の項梁《こうりょう》に養われた。陳勝が敗死すると、項梁は范増に教えを請い、旧楚王家の末裔を探し出して、これを「楚王」に祭り上げた。このため、大いに威勢を奮ったが、秦の章邯《しょうかん》の奇襲によって戦死する。このとき、項梁の戦死を恨んだ項羽は、章邯が居城としたが、すでに去っていた定陶《ていとう》城の民をみな殺しにしている。その強さと共に、項羽への恐怖心が、人々に植えつけられたのである。

やがて、項羽は、楚の中で項梁に代わって指導者となった宋義《そうぎ》を殺し、実質的な楚軍の総大将となる。懐王より「最初に関中《かんちゅう》に入った者を関中王とする」との約束が交わされると、迂回ルートで関中を目指した劉邦に対して、項羽は秦の章邯軍と正面から戦うことを選ぶ。

そのころ、章邯は、鉅鹿《きょろく》を包囲していた。項羽は、川を渡った後に、兵士に三日分の兵糧のみを与え、残りの物資と共に船を沈めた。三日で決着が着かねば全滅あるのみ、との決死の覚悟をさせたのである。こうして項羽は、章邯に大勝し、各国の指導者たちは項羽に服属、項羽は上将軍《じょうしょうぐん》となった。

項羽はその後も秦軍に連戦連勝し、章邯が降伏して戦いは終わった。このとき項羽は、二十万以上の秦兵を捕虜にしたが、暴動の気配が見えたので、すべて坑《こう》(穴に埋めて殺すこと)した。人心を失う蛮行である。

したがって、項羽が関中に入ろうとした際には、すでに人望厚い劉邦が関中に入っており、しかも函谷関《かんこくかん》を閉ざして抵抗の意志を示した。功績を横取りされたと思った項羽は、大いに怒り、劉邦を攻め殺そうとする。劉邦は、あわてて項羽の伯父項伯《こうはく》を通じて和睦を請い、項羽と劉邦は酒宴を開いて話し合いを行った。これが「鴻門《こうもん》の会」である。このとき、劉邦を殺すべしと説き続けたものが、范増《はんぞう》であった。

●「亜父」范増

范増は、項梁が挙兵したとき、すでに七十歳前後であったというが、項梁の死後も項羽を支えた。項羽は、范増を「亜父《あほ》(父に亜ぐもの)」と称して尊重していた。しかし、劉邦配下の陳平《ちんぺい》が仕掛けた離間の計にかかり、項羽は范増を疑うようになる。これに怒った范増は、項羽に、「天下の形勢は概《おおむ》ね定まりました。後は君王自ら行ってください」と引退を宣言、帰郷する途中で死去した。

范増の死は、劉邦を支える張良《ちょうりょう》・蕭何《しょうか》・韓信《かんしん》・陳平《ちんぺい》などに対抗できる人材が失われたことを意味する。項羽は、范増の死から二年後、垓下《がいか》の戦いで大敗し、烏江《うこう》で自害する。劉邦は、「自分は張良・蕭何・韓信を使いこなせたが、項羽は范増ひとりすら上手く使いこなせなかった。これが項羽の滅亡した原因である」と語っている。

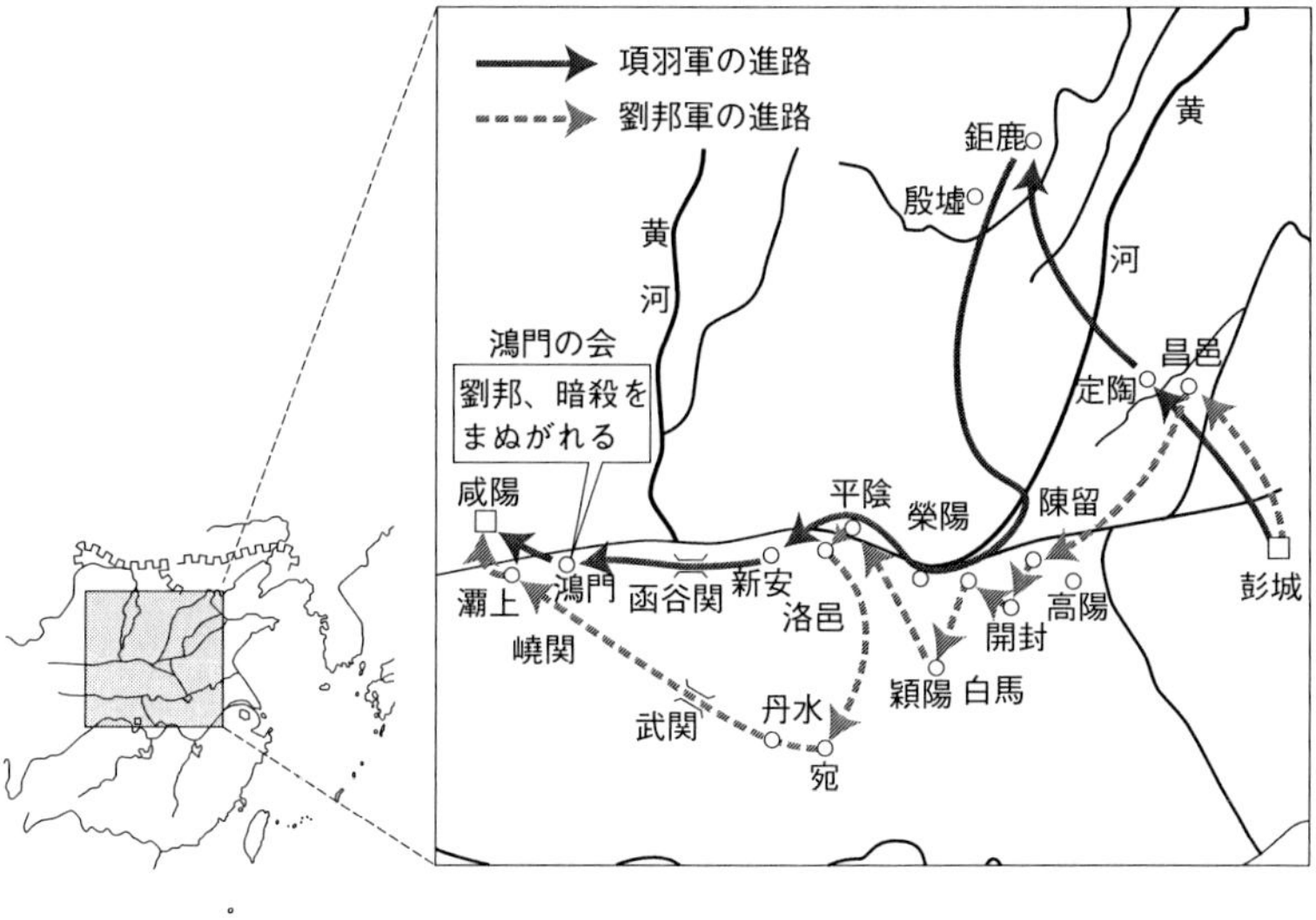

項羽と劉邦の経路
劉邦は鴻門の会のあとも、圧倒的な項羽の武力に押され続ける。

第一四回　鹿を馬と為す

趙高与二丞相《ノ》李斯一有《リ》レ隙。高侍《シ》二二世《ニ》一、方《タリテ》二燕楽《シテ》婦女居《ルトキニ》レ前《ニ》、使《ム》三人《ヲシテ》告《ゲ》二丞相《ノ》斯《ニ》一、可《シト》レ奏《ス》レ事《ヲ》。斯上謁《ス》。二世怒《リテ》曰《ク》、吾嘗《テ》多《シ》二間日一、丞相不レ来《ラ》。吾方《ニ》燕私《スレバ》、丞相輒《チ》来《ルト》。高曰《ク》、丞相《ノ》長男《タル》李由、為《リ》二三川《ノ》守《ト》一与レ盗通《ズ》。且《ツ》丞相居《リテハ》レ外《ニ》、権重《シト》二於陛下《ヨリモ》一。二世然《リトシ》レ之《ヲ》、下《シ》二斯《ヲ》吏《ニ》一、具《ヘテ》二五刑《ヲ》一、腰二-斬《セシム》咸陽《ノ》市《ニ》一。斯出《ヅルトキ》レ獄《ヲ》、顧《ミテ》謂《ヒテ》二中子《ニ》一曰《ク》、吾欲《スルモ》下与レ若《なんぢ》復《タ》牽《キ》二黄犬《ヲ》一、倶《ニ》出《デテ》二上蔡《ノ》東門《ヲ》一、逐《ハント》中狡兎《ヲ》上、豈《ニ》可《ケン》レ得乎《ト》。遂《ニ》父子相哭《ス》。而《シテ》夷《セラル》二三族《ヲ》一。

趙高　秦の宦官。二世皇帝のもと権力を握った。
有隙　隙はスキマで、両者の間が不和であること。
李斯　秦の宰相。法家思想に基づき、始皇帝の統一事業を推進した。
燕楽　燕は宴に同じ。酒宴して楽しむこと。
燕私　私は公（表向き）に対して奥向きのこと。奥向きでのくつろいだ酒宴。
三川　郡名。河南省にある。
居外　ここの外は外朝の意味で、内朝（宮中）に対して表向きの朝廷をいう。
具五刑　墨（イレズミ）・劓（ハナキリ）・刖（アシキリ）・宮（去勢）・大辟（死刑）の五つの刑罰を次々に施すこと。
腰斬　腰から両断すること。罪の軽いものは首を斬り、重い者は腰を斬る。
黄犬　黄色の猟犬。
上蔡　河南省の地名。李斯の故郷。
夷三族　父・母・妻の血族を三族という。夷はタヒラグとよみ、滅ぼし尽くすこと。

中丞相《ノ》趙高、欲《スレドモ》レ専《ニセント》二秦《ノ》権《ヲ》一、恐《ル》二群臣《ノ》不《ルヲ》レ聴《カ》。乃《チ》先《ヅ》設《ケ》レ験《ヲ》、持《シテ》レ鹿《ヲ》献《ジテ》二於二世《ニ》一曰《ク》、馬也《ト》。二世笑《ヒテ》曰《ク》、丞相誤《レル》邪、指《シテ》レ鹿《ヲ》為《スト》レ馬《ト》。問《フ》二左右《ニ》一、或《ヒハ》黙《シ》、或《ヒハ》言《フ》。高陰《ひそかニ》中《あツルニ》二諸《ノ》言《フ》レ鹿《ト》者《ニ》一以《テス》レ法《ヲ》。後《チ》群臣皆畏《レ》レ高《ヲ》、莫《シ》三敢《テ》言《フモノ》二其《ノ》過《ヲ》一。

項梁与二秦《ノ》将《タル》章邯一戦《ヒテ》敗死《ス》。宋義先《ニ》言《ヒシガ》二其《ノ》必《ズ》敗《レンコトヲ》一、梁果《タシテ》敗《レタリ》。秦攻《ム》レ趙《ヲ》。楚《ノ》懐王以《テ》レ義《ヲ》為《シ》二上将《ト》一、項羽《ヲ》為《シテ》二次将《ト》一、救《ハシム》レ趙《ヲ》。義驕《ル》。羽斬《リテ》レ之《ヲ》、領《シ》二其《ノ》兵《ヲ》一、大《イニ》破《リ》二秦《ノ》兵《ヲ》鉅鹿《ノ》下《ニ》一、虜《ニシ》二王離等《ヲ》一、降《ス》二秦《ノ》将《タル》章邯・董翳・司馬欣《ヲ》一。羽為《ル》二諸侯《ノ》上将軍《ト》一。

中丞相　丞相に中の字を加えたわけは、趙高が宦官のためである。宦官は、禁中に出入するため、中官と呼ばれる。

宋義　もと楚の令尹、すなわち宰相であった。

上将　上将軍のことで、今の総司令官にあたる。

鉅鹿下　鉅鹿は河北省にある。下は城下の意。

王離　秦の将軍。王賁の子。鉅鹿を包囲していた。

董翳　秦の将軍。のち項羽により翟王に封建された。

司馬欣　秦の長史。章邯に項羽への降伏を説いた。項羽により、塞王に封建された。

【書き下し】　趙高　丞相の李斯と隙有り。高　二世に侍し、燕楽《えんらく》して婦女　前に居るときに方《あ》たりて、人をして丞相の斯に告げしむ、事を奏《そう》す可し、と。斯　上謁《じょうえつ》す。二世　怒りて曰く、「吾　嘗《かつ》て間日《かんじつ》多し、丞相　来らず。吾　方《まさ》に燕私すれば、丞相　輒《すなは》ち来る」と。高曰く、「丞相の長男たる李由、三川の守と為《な》り盗と通ず。且《か》つ丞相　外に居りては、権　陛下よりも重し」と。二世　之を然《しか》りとし、斯を吏に下し、五刑を具《そな》へて、咸陽の市に腰斬せしむ。斯　獄を出づるとき、顧みて中子に謂《い》ひて曰く、「吾　若《なんぢ》と復た黄犬を牽《ひ》き、倶に上蔡の東門を出《い》でて、狡兎《こうと》を逐《お》はんと欲するも、豈《あ》に得可《うべ》けんや」と。遂に父子　相哭す。而して三族を夷《い》せらる。

中丞相の趙高、秦の権を専にせんと欲すれども、群臣の聴かざるを恐る。乃ち先づ験を設け、鹿を持して二世に献じて曰く、「馬なり」と。二世　笑ひて曰く、「丞相　誤れるか、鹿を指して馬と為す」と。左右に問ふに、或ひは黙し、或ひは言ふ。高　陰《ひそか》に諸々の鹿と言ふ者に中《あ》つるに法を以てす。後ち群臣　皆　高を畏《おそ》れ、敢《あへ》て其の過《あやまち》を言ふもの莫《な》し。

項梁　秦の将たる章邯と戦ひて敗死す。宋義　先に其の必ず敗れんことを言ひしが、梁　果たして敗れたり。秦　趙を攻む。楚の懐王　義を以て上将と為し、項羽を次将と為して、趙を救はしむ。義　驕《おご》る。羽　之を斬りて其の兵を領し、大いに秦の兵を鉅鹿の下に破り、王離らを虜にし、秦の将たる章邯・董翳・司馬欣を降す。羽　諸侯の上将軍と為る。

【現代語訳】　（宦官の）趙高《ちょうこう》は丞相《じょうしょう》の李斯《りし》と対立していた。（そこで）趙高は二世皇帝に侍《はべ》り、二世皇帝が酒宴をして楽しみ（後宮の）婦人たちが御前に居並んでいる時にことさら、人をやって丞相の李斯に、政務を奏上されるがよい、と告げさせた。（そこで）李斯は拝謁を願いでた。（すると）二世皇帝は立腹して、「朕はこれまで暇な日が多かったのに、丞相は来なかった。朕がちょうど酒宴をしていると、丞相はそのたびにやって来る」と言った。趙高は（すかさず）、「丞相の長男である李由《りゆう》は、三川《さんせん》の守でありながら盗賊と心を通じております。くわえて丞相は朝廷の外では、陛下より重い権力を振るっております」と言った。二世はこれをそのとおりと考え、李斯を役人に引き渡し、（入墨・鼻切りなどの）五刑を施して、咸陽《かんよう》の市で腰斬《ようざん》に処した。李斯は牢獄を出るとき、中子に向かい、「わたしはお前とまた猟犬を連れ、一緒に上蔡《じょうさい》の東門を出て、兎狩りをしたいと思っていたが、それはかなわなくなった」と言った。かくて父子共に泣いた。そして（李斯の父・母・妻の）三族は皆殺しにされた。

中丞相《ちゅうじょうしょう》の趙高《ちょうこう》は、秦の権力を独占しようと思ったが、群臣が承知しないことを恐れた。そこでまずためしに、鹿を持って二世皇帝に献上して、「これは馬でございます」と申しあげた。二世皇帝は笑って、「丞相は間違ったのか。鹿を指して馬と言っておる」と言った。左右のものに尋ねると、あるものは黙り、あるものは答えた。趙高は秘かに鹿と言った者を法律に当て（て厳罰にし）た。こののち群臣はみな趙高を恐れ、あえて（趙高の）過ちを言うものはなかった。

項梁《こうりょう》は秦の将である章邯《しょうかん》と戦って敗れ死んだ。宋義《そうぎ》はそれより先に項梁がきっと敗れるであろうと言っていたが、果たしてその通りに敗れた。秦が趙を攻めた。楚の懐王《かいおう》は宋義を上将とし、項羽を次将として、趙を救わせた。宋義は驕り高ぶった。項羽はこれを斬り宋義の兵を奪って、大いに秦の兵を鉅鹿《きょろく》の城下で打ち破り、王離《おうり》たちを捕虜とし、章邯・董翳《とうえい》・司馬欣《しばきん》を降参させた。項羽は諸侯の上将軍となった。

解説・鑑賞

●秦の滅亡

中国を初めて統一した秦《しん》は、郡県制《ぐんけんせい》に基づく中央集権的な支配を行い、こののち二千年の中国専制国家の基本を築いたが、その法家《ほうか》思想に基づく画一的な統治は、急速に衰退を招いた。氏族制の弱かった後進国の秦では、有効であった什伍《じゅうご》の制や分異《ぶんい》の令に基づく個別人身的支配は、貧困層には圧政となり、六国の旧貴族には抑圧となった。

前者の反発が陳勝《ちんしょう》・呉広《ごこう》の乱であれば、後者の反撃が相継いだ旧六国の自立であった。中でも、強力な武力を持っていた旧楚の勢力からは、貧農出身の劉邦《りゅうほう》と旧楚で代々将をつとめた家の出身である項羽《こうう》が現れた。

これに対して、秦は巡幸中の始皇帝の死去を丞相《じょうしょう》の李斯《りし》と共謀して隠した宦官《かんがん》の趙高《ちょうこう》が権力を掌握していった。長子の扶蘇《ふそ》ら始皇帝の血族者ら権力者を次々に処刑し、暗愚な二世皇帝《にせいこうてい》を傀儡として、権力をほしいままにして、暴政を布いたのである。

そうしたなか、二世皇帝と趙高から討伐軍の将軍に抜擢された章邯《しょうかん》は、きわめて高い軍事的能力を発揮し、陳勝を撃破すると、さらにその後を受けた項梁《こうりょう》も撃破する。しかし、項羽との鉅鹿《きょろく》での決戦に敗れ、降服した。投降した秦兵二十万も咸陽《かんよう》に向かう途中で、造反の気配を見せたと誤解した項羽によって穴埋めにされた。

その間、趙高は、丞相の李斯を冤罪により殺害し（李斯の長子の李由《りゆう》は三川《さんせん》を固守していた）、「馬鹿」の語源とも言われる衆愚政治に秦を追い込んでいた。さらに、章邯が大敗し、劉邦が咸陽の近くに迫っていることを聞くと、趙高は、二世皇帝に暴政の汚名を着せたうえで暗殺し、子嬰《しえい》を立てて民心の安定を図ったが、子嬰たちによって、誅殺された。

その後、咸陽へ入城した劉邦に、子嬰が降伏したことで、秦は滅亡する。劉邦からは命を保証された子嬰であったが、後から咸陽にやってきた項羽により、一族もろとも殺害された。項羽軍は、阿房宮《あぼうきゅう》から美女や財宝を略奪した。火をかけられた咸陽は、廃墟となった。劉邦の建国する漢が、こののち、秦と同様の中央集権的な支配を回復できた一因は、劉邦の部下である蕭何《しょうか》が、焼けおちる咸陽から、統治に必要な書類を運び出したことによるという。

公	卿	
丞相	奉常《ほうじょう》	宗廟・諸陵・儀礼を管掌。前漢の前144年に太常と改名。
大尉	郎中令《ろうちゅうれい》	天子の宿営と郎官の統率。前漢の前104年に光禄勲と改名。
御史大夫	衛尉《えいい》	南軍を統率して宮門を警備。前漢の前156年に中大夫令、のちに衛尉に戻す。
	中尉《ちゅうい》	北軍を統率して咸陽城内を警備。前漢の前104年に執金吾《しつきんご》と改名。
	太僕《たいぼく》	鹵薄の車馬を管理。
	廷尉《ていい》	訴訟・廷獄を管理。前漢の前144年に大理、前137年に廷尉に戻す。
	典客《てんきゃく》	来朝する夷狄を応接。前漢の前144年に大行令、前104年から大鴻臚《だいこうろ》。
	宗正《そうせい》	天子の親族を管理。
	治粟内史《ちぞくないし》	国家財政を管理。前漢の前143年に大農令、前104年から大司農。
	少府《しょうふ》	帝室財政と宮廷内を管理。
	将作少府《しょうさくしょうふ》	宮室・諸陵を営造・修理。前漢の前144年に将作大匠《しょうさくたいしょう》と改名。

秦の中央官制

【注】秦では、丞相・太尉・御史大夫の下に以上の卿が置かれ、実際の政務を担当した。漢は秦の制度を継承したが、武帝期に官職名を改めたものもある。

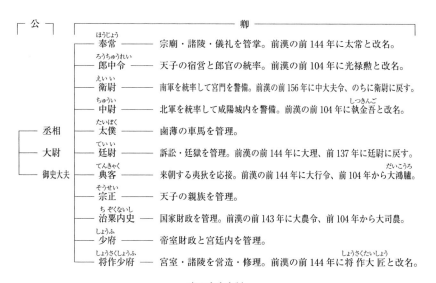

第一五回　法三章

初《メ》楚懐王与二諸将一約《ス》。先《ニ》入《リテ》定《ムル》二関中《ヲ》一者《ハ》王《タラント》レ之《ニ》。当時秦《ノ》兵強《シ》。諸将莫《シ》レ利《トスルモノ》二先《ニ》入《ルヲ》レ関《ニ》一。独《リ》項羽《ハ》怨《ミ》三秦《ガ》殺《セシヲ》二項梁《ヲ》一、奮《ヒテ》願《フ》下与二沛公一先《ニ》入《ランコトヲ》上レ関《ニ》。懐王《ノ》諸老将皆曰《ク》、項羽《ノ》為《リ》レ人《ト》、慓悍《ニシテ》猾賊《タリ》。独《リ》沛公《ハ》寛大《ノ》長者《ナリ》。可《シト》レ遣《ハス》。乃《チ》遣《ハス》二沛公《ヲ》一。

沛公大《イニ》破《リ》二秦《ノ》軍《ヲ》一、入《リテ》レ関《ニ》至《ル》二覇上《ニ》一。

秦王《ノ》子嬰、素車白馬《ニシテ》、繋《クルニ》レ頸《ニ》以《テシ》レ組《ヲ》、出《デテ》降《ル》二軹道《ノ》旁《ニ》一。秦《ハ》自《リ》三始皇《ノ》二十六年《ニ》併《ハセテ》二天下《ヲ》一、二世・三世《ニシテ》而亡《ビタリ》。称《スルコト》レ帝《ト》止《マルノミ》二十有五年《ニ》一。

関中　秦の地。今の陝西省。東は函谷関、南は武関、西は散関、北は蕭関に囲まれているから関中という。

怨秦殺項梁　項羽の叔父の項梁は会稽で兵を挙げ、懐王を奉じたが、秦の将である章邯に敗れて戦死した。

沛公　劉邦のこと。劉邦は出生地の沛の民に推されて沛公となっていた。

覇上　地名。陝西省長安県の東。覇水のほとり。

子嬰　秦最後の王。『史記』には、二世皇帝胡亥の兄の子とあるが、定かではない。

繋頸以組　組は印璽を帯びる組紐。これを首に繋けるのは、自殺の決心を示す。

軹道　駅亭の名。陝西省にある。

既ニ定メレ秦ヲ、還リテ軍ス二覇上ニ一。悉ク召シ二諸県ノ父老・豪傑ヲ一、謂ヒテ曰ク、父老苦シムコト二秦ノ苛法ニ一久シ矣。吾与二諸侯一約ス。先ニ入ル二関中ニ一者ハ王タラントレ之ニ。吾当ニレシ王タル二関中ニ一。与二父老一約ス。法ハ三章耳。殺スレ人ヲ者ハ死セン。傷ツケレ人ヲ及ビ盗スルモノハ抵テンレ罪ニ。余ハ悉ク除キ二‐去ラント秦ノ苛法ヲ一。秦ノ民大イニ喜ブ。

殺人者死　この死は殺すこと。死刑の意。

抵罪　「抵」は当てるの意味。

【書き下し】　初め楚の懐王　諸将と約す。先に入りて関中を定むる者は之《これ》に王たらんと。当時　秦の兵　強し。諸将　先に関に入るを利とするもの莫《な》し。独り項羽は秦が項梁を殺せしを怨み、奮ひて沛公と先に関に入らんことを願ふ。懐王の諸老将　皆曰く、「項羽の人と為り、慓悍《りつかん》にして猾賊《かつぞく》たり。独《ひと》り沛公は寛大の長者なり。遣《つか》はす可《べ》し」と。乃《すなは》ち沛公を遣はす。沛公　大いに秦の軍を破り、関に入りて覇上《はじょう》に至る。秦王の子嬰、素車白馬《そしゃはくば》にして、頸《くび》に繋《か》くるに組《そ》を以てし、出でて軹道の旁《かたわら》に降る。秦は始皇の二十六年に天下を併《あ》はせてより、二世・三世にして亡びたり。帝と称すること十有五年に止まるのみ。既に秦を定め還《かえ》りて覇上に軍す。悉《ことごと》く諸県の父老・豪傑を召し、謂《い》ひて曰く、「父老　秦の苛法《かほう》に苦しむこと久し。吾　諸侯と与《とも》に約す。先に関中に入る者は之に王たらんと。吾　当《まさ》に関中に王たるべし。父老と与に約す。法は三章のみ。人を殺す者は死せん。人を傷つけ及び盗するものは罪に抵《あ》てん。余は悉く秦の苛法を除き去らん」と。秦の民　大いに喜ぶ。

【現代語訳】 これよりさき楚《そ》の懐王《かいおう》は、諸将と約束していた。最初に入って関中《かんちゅう》を定めた者は、関中の王としようと。（しかし）このとき秦の兵は強かった。（そのため）将軍たちは最初に関中に入ることを望まなかった。ただ項羽は秦が（叔父の）項梁を殺したことを怨み、奮い立って沛公《はいこう》と最初に関中に入ることを願った。懐王の老将たちはみな、「項羽の人となりは、気短で乱暴である。これに対して沛公は心が広い長者である。（沛公を）遣わすべきである」と言った。そこで沛公を遣わした。

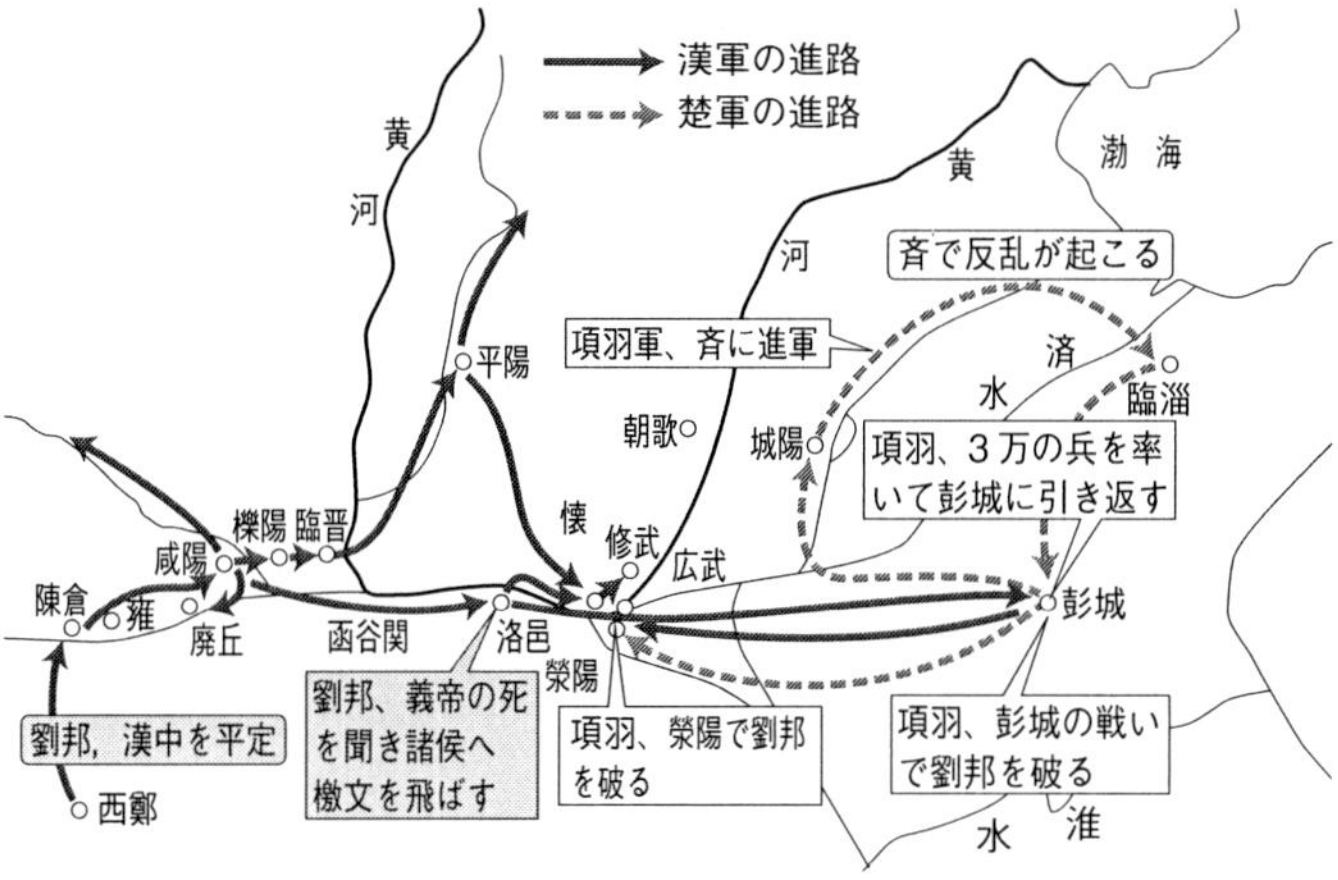

楚漢戦争

沛公は大いに秦の兵を破り、関中に入って覇水のほとりに至った。秦王の子嬰《しえい》は、白木の車を白い馬に引かせ、首に紐をかけて、（宮門を）出て軹道《しどう》のそばで降伏した。秦は始皇帝の二十六年に天下を併せてから、二世・三世で亡《ほろ》んだ。皇帝と称したのは十五年に過ぎなかった。

（沛公は）すでに秦を平定すると、退いて覇上《はじょう》に陣を布いた。（そこに）諸県の父老《ふろう》や豪傑《ごうけつ》をことごとく招集し、宣言して、「父老たちは秦の厳しい法律に苦しむことが久しい。わたしは（秦を攻めるに当たって）諸侯と約束した。最初に入って関中を定めた者は、関中の王としようと。わたしは当然関中の王となるべきである。（ついては）父老と約束しよう。法は三条だけとする。人を殺したものは死刑とする。人を傷つけたもの及び盗みを働いたものは罪に当てる。そのほかはすべて秦の厳しい法律を除き去ろう」と。秦の民は大いに喜んだ。

解説・鑑賞

●雲夢秦律と張家山漢律

劉邦が厳しいと除いた秦の法律は、早くに亡び、その全貌を知ることはできなかった。ところが、一九七五年に、湖北省《こほくしょう》雲夢県《うんぼうけん》睡虎地《すいこち》で発見された竹簡《ちくかん》群（「睡虎地秦簡《しんかん》」とも「雲夢秦簡」とも呼ぶ）には、秦の官吏を務めていた喜《き》という人物が遺した「秦律十八種」という秦律の条文の抜粋が含まれていた。十八種の律は、田律（農業・狩猟・山林叢沢の保護と課税）・廏苑《きゅうえん》律（国営の厩舎・牧場の管理）・倉律（倉の管理と食料支給）・金布《きんぷ》律（貨幣・財物の管理）・関市《かんし》律（市の管理）・工程律（官営手工業）・工人律（工人の作業規定）・均工《きんこう》律（工人の配置）・徭《よう》律（徭役規定）・司空《しくう》律（工人を管理する司空の職務規定）・軍爵《ぐんしゃく》律（軍功爵の規定）・置吏《ちり》律（官吏任用）・效《こう》律（国家所蔵の財物の出入庫）・伝食律（使者への駅伝での食料支給）・行書律（公文書の伝送）・内史雑《だいしざつ》律（首都を管轄する内史の規定）・尉雑《いざつ》律（司法官である尉の規定）・属邦《ぞくほう》律（属国規定）であった。地方官僚に過ぎない喜が、日常の業務をこなすために、これほどまでに全体的で詳細な律を手元においていたことは、秦の律がいかに緻密で、厳しかったのかを今日に伝える。

劉邦は、こうした苛法をすべて廃止して、法を三章にすると約束した。しかし、三章だけで五千万人もの人口を持つ大帝国を支配できようはずはない。このため、漢は蕭何《しょうか》が作成した九章律《きゅうしょうりつ》によって、帝国を支配した、と『晋書《しんじょ》』刑法志《けいほうし》には伝えられていたが、漢の律も滅んで久しく、その実態は明らかでなかった。

ところが、一九八三年から湖北省江陵県《こうりょうけん》張家山《ちょうかさん》の漢墓群で出土した竹簡群（「張家山漢墓竹簡」と呼ぶ）からは「二年律令《にねんりつれい》」と題される漢代の法律が発見された。『晋書』刑法志によれば、漢は戦国時代の魏《ぎ》の李悝《りかい》が定めた『法経《ほうけい》』の六篇（盗・賊・囚・捕・雑・具）に、行政関係を主とした事律《じりつ》三篇（戸・興・厩）を蕭何が追加した九章律を使用していた、とされていた。「二年律令」は、蕭何の死から七年後、呂后《りょこう》執政二（前一八六）年に作成された法令集である。しかし、興・厩以外の七篇に相当する竹簡は発見されているものの、その配列や構成は、九章律として伝わるものとは大きく異なっており、今後の研究が待たれているのである。

第一六回　天子の気

項羽率《ヰ》二諸侯《ノ》兵《ヲ》一、欲《ス》二西《ノカタ》入《ラント》レ関《ニ》。或《ヒト》説《キテ》二沛公《ニ》一守《ラシム》二関門《ヲ》一。羽至《ル》。門閉《ヅ》。大《イニ》怒《リ》、攻《メテ》破《リ》レ之《ヲ》、進《ミテ》至《リ》レ戯《ニ》、期《ス》三旦《ニ》撃《タント》二沛公《ヲ》一。羽《ノ》兵《ハ》四十万、号《ス》二百万《ト》一。在《リ》二鴻門《ニ》一。沛公《ノ》兵《ハ》十万、在《リ》二覇上《ニ》一。范増説《キテ》レ羽《ニ》曰《ク》、沛公居《リシトキ》二山東《ニ》一、貪《リ》レ財《ヲ》好《メリ》レ色《ヲ》。今入《リ》レ関《ニ》、財物《ハ》無《ク》レ所《レ》取《ル》、婦女《ハ》無《シ》レ所《レ》幸《スル》。此《レ》其《ノ》志不《レ》在《ラ》レ小《ニ》。吾令《ムルニ》三人《ヲシテ》望《マ》二其《ノ》気《ヲ》一、皆為《リ》レ竜《ト》成《ス》二五悉《ヲ》一。此《レ》天子《ノ》気也。急《ニ》撃《チテ》勿《カレ》レ失《フコト》。

羽《ノ》季父《タル》項伯、素《ヨリ》善《シ》二張良《ニ》一。夜馳《セテ》至《リ》二沛公《ノ》軍《ニ》一、告《ゲ》レ良《ニ》、呼《ビテ》与《ニ》倶《ニ》去《ラントス》。良

関　ここでは函谷関のこと。

戯　川の名。陝西省にある。

鴻門　戯水の西岸にある地名。

季父　父方のおじの総称。一説には父方の末のおじとも言うが、必ずしも末のおじに限らない。

項伯　名は纏、字は伯。項羽の季父。かつて人を殺して罪とされる所を張良に助けられた恩義がある。後に漢に帰して射陽侯に封ぜられ、劉氏の姓を賜与された。

張良　字は子房。高祖の三傑の一人。その家は代々韓の相であった。

告。因要伯入見。沛公奉卮酒為寿、約為婚姻。曰、吾入関、秋毫不敢有所近。籍吏民、封府庫、而待将軍。所以守関者、備他盗也。願伯具言臣之不敢倍徳。伯許諾曰、旦日不可不蚤自来謝。伯去具以告羽、且曰、人有大功、撃之不義。不如因善遇之。

卮酒 「卮」は角製の杯。約四升入る。ここでは酒をついだ大杯の意。
為寿 寿は長生き。長寿を祝うこと。
秋毫 獣類の毛は秋になって抜け代わる。その時の毛は至って細いので、ごくわずかなことを秋毫という。
府庫 府は朝廷の文書や財宝を蔵める場所、庫は車馬や兵器を蔵める場所。総じて倉庫の意。

【書き下し】 項羽 諸侯の兵を率《ひき》ゐ、西のかた関に入らんと欲す。或ひと沛公に説きて関門を守らしむ。羽 至る。門 閉づ。大いに怒り、攻めて之を破り、進みて戯《ぎ》に至り、旦に沛公を撃たんと期す。羽の兵は四十万、百万と号す。鴻門に在り。沛公の兵は十万、覇上に在り。范増 羽に説きて曰く、「沛公 山東に居《を》りしとき、財を貪《むさぼ》り色を好めり。今 関に入り、財物は取る所無く、婦女は幸する所無し。此れ其の志 小に在らず。吾 人をして其の気を望ましむるに、皆 竜と為り五悉《ごしつ》を成す。此れ天子の気なり。急に撃ちて失ふこと勿《な》かれ」と。

羽の季父《きふ》たる項伯、素《もと》より張良に善し。夜 馳せて沛公の軍に至り、良に告げ呼びて与《とも》に倶《とも》に去らんとす。良曰く、「臣 沛公に従ひ、急有りて亡《に》ぐるは不義なり」と。入りて具《つぶさ》に告げん。因《よ》りて伯を要して入り見《まみ》へしむ。沛公 卮酒《ししゅ》を奉《ほう》じて寿《じゅ》を為し、約して婚姻を為す。曰く、「吾 関に入りて、秋毫《しゅうごう》も敢《あへ》て近づくる所有らず。吏民《りみん》を籍し、府庫《ふこ》を封じて、将軍を待つ。関を守る所以《ゆえん》の者は、他の盗に備ふるなり。願はくは伯 具に臣の敢て徳に倍《そむ》かざるを言へ」と。伯 許諾して曰く、「旦日《たんじつ》 蚤《はや》く自ら来たりて謝せざる可からず」と。伯去りて具に以て羽に告げ、且《か》つ曰く、「人に大功有り、之を撃つは不義なり。因りて善く之を遇するに如《し》かず」と。

【現代語訳】 項羽《こうう》は諸侯の兵を率いて、西方に向かい函谷関《かんこくかん》から（関中に）入ろうとした。ある人が沛公《はいこう》に説いて函谷関の門を守備（し項羽を入れないように）させた。（やがて）項羽が到着した。関門は閉ざされていた。（項羽は）大いに怒り、攻めてこれを破り、進んで戯水のほとりに至り、明日早朝に沛公を撃とうとした。時に項羽の兵は四十万、（それを）百万と号した。鴻門《こうもん》に陣を置いた。沛公の兵は十万、覇上《はじょう》に陣を置いていた。（項羽の軍師の）范増《はんぞう》は項羽に説いて、「沛公は山東《さんとう》（の沛）にいた時には、財宝をむさぼり、女色を好んだ。（ところが）いま関中に入ってからは、財宝は取らず、婦女は寵愛しない。これはその志《こころざし》が小さくない（ことを示す）。わたしは人に命じて沛公の気を見させたところ、みな竜の形となり五色の色彩をなしているという。これは天子の雲気である。急に攻撃して失敗してはならない」と言った。

項羽のおじの項伯《こうはく》は、かねてから（沛公の臣下の）張良《ちょうりょう》と親しかった。その夜（馬を）馳《は》せて沛公の軍に至り、急を張良に告げ呼び出して一緒に逃げ去ろうとした。張良は、「わたしは沛公に従いながら、（主君が）危険な状態にあるのに逃げ去る不義を犯すことはできません」と言った。（そして内に）入って（事の次第を）詳しく（沛公に）告げようとした。ために項伯に無理に頼んで沛公に会見させた。沛公は酒を盛った大盃を捧げて項伯の長寿を祝し、婚姻（関係を結ぶこと）を約束した。（沛公は）「わたしは関中に入ってから、ほんの少しのものも近づけたことはありません。役人や民の数を帳簿につけ、（財宝や武器を入れた）倉には封印をして、ひたすら（項羽）将軍のお越しを待っておりました。函谷関を守備したわけは、他の（地方からの）盗賊の侵入に備えたまでです。どうかあなたは詳しくわたしが（項羽将軍の）ご恩徳に背く意志のないことを申し上げて下さい」と言った。項伯は承知して、「明日の朝早くあなたご自身が謝罪に来られなくてはいけません」と言った。項伯は（覇上を）去り詳しく事情を項羽に告げ、そして、「人に功績があるのに、これを撃つことは不義です。（功績に）よって良くこれを待遇する方がよいでしょう」と言った。

解説・鑑賞

●皇帝から天子へ

秦王政《せい》が定めた称号である「皇帝」のもとになった泰《たい》「皇《こう》」とは、宇宙を支配する泰一神《たいいつしん》のことであり、これを称することは、現世の君主が宇宙を主宰する絶対神になることであった。また、帝とは上《じょう》「帝《てい》」であり、人格を持たない絶対神で、宇宙万物の総宰者を示す。つまり、皇帝とは、宇宙を主宰する上帝そのものであった。

これに対して、儒教が理論化していく「天子」という称号は、あくまでも人間が即く地位であった。しかも、その地位に即くためには、徳を修めて、それを天に認められる必要があった。劉邦が財貨や女色に手を出さないことを范増《はんぞう》が警戒した理由は、劉邦が徳を修めて天子に即こうとする高い志をそこに見たためであった。

徳を修めて天子になろうとする人間に対して、それを天が承認するとさまざまな形で「天命」が下されることになる。「天子の気」と呼ばれるものは、そうした「天命」を示すものの代表的な事例の一つである。劉邦は、このとき、すでにそうした「気」をまとっていたと『史記』は伝えているのである。

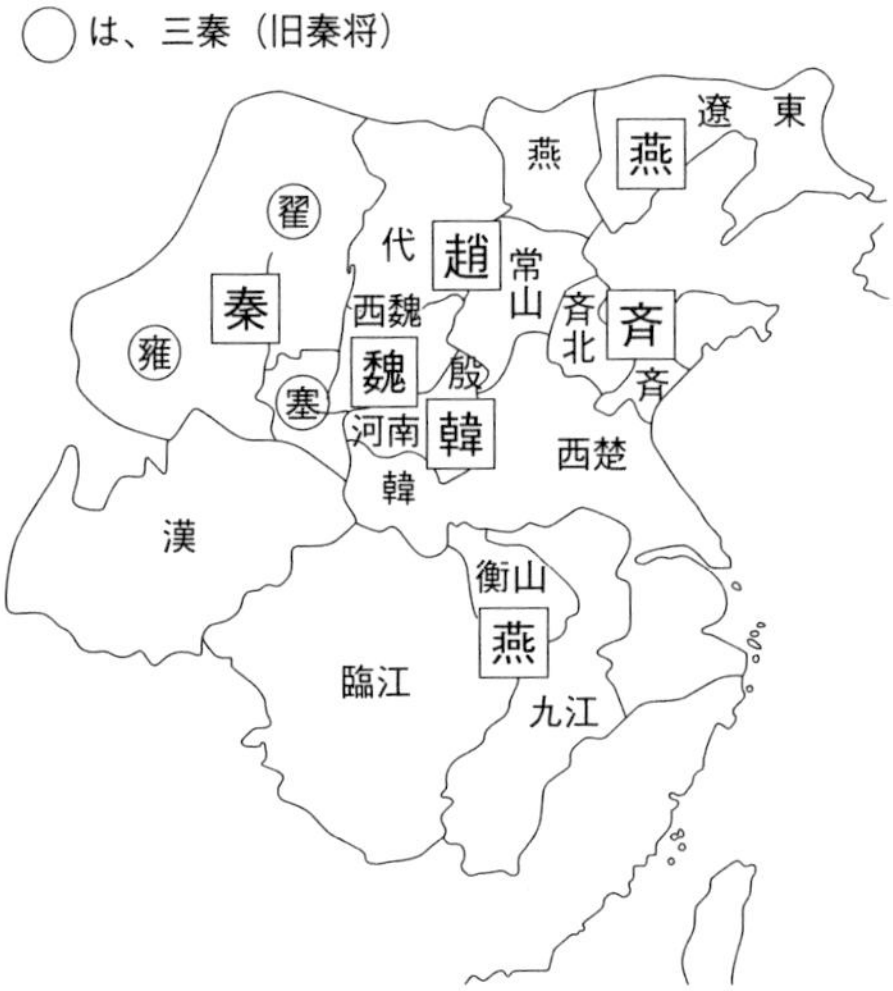

項羽の王国分配
項羽自らは、西楚の覇王となった。

第一七回　鴻門の会　1

沛公旦従百余騎、見羽鴻門。謝曰、臣与将軍戮力而攻秦。将軍戦河北、臣戦河南。不自意、先入関破秦、得復見将軍於此。今者有小人之言、令将軍与臣有隙。羽曰、此沛公左司馬曹無傷之言。羽留沛公与飲。范増数目羽、挙所佩玉玦者《こと》三。羽不応。増出使項荘入、前《すすミテ》為寿、請以剣舞、因撃沛公。項伯亦抜剣起舞、常以身翼蔽沛公。荘不得撃。張良出告樊噲以事急。

小人　つまらぬ者。馬鹿者。

左司馬　官名。軍事をつかさどる。

目　目くばせする。

玉玦　玉製の腰におびる装飾品。環状をしていて、一箇所だけ欠けたところがある。「玦」は訣と通じ、命の欠けることから殺すことを暗示している。また、玦は決にも通じ、決意を促すことをも暗示している。

項荘　項羽の従弟。

前　ここは動詞に用い、進むに同じ。

翼蔽　鳥が翼をひろげてひなどりをかばうように、立ち塞がってかばうこと。

樊噲　沛の人。勇猛無比、沛公に従って功を立て、後に舞陽侯に封ぜられた。

噲擁盾直入、瞋目視羽。頭髪上指、目眥尽裂。羽曰、壮士、賜之卮酒。則与斗卮酒。賜之彘肩。則生彘肩。噲立飲、抜剣切肉啗之。羽曰、能復飲乎。噲曰、臣死且不避。卮酒安足辞。沛公先破秦入咸陽。労苦而功高如此、未有封爵之賞。而将軍聴細人之説、欲誅有功之人。此亡秦之続耳。切《ひそカニ》為将軍不取也。羽曰、坐。噲従良坐。

目眥 眥は、マナジリのこと。
斗卮酒 日本の量で一升（約二リットル）ていどの大杯の酒。
彘肩 彘は豚の子をいう。
封爵之賞 領地や爵位を褒美として与えられること。
細人 小人に同じ。

【書き下し】 沛公 旦《あした》に百余騎を従へ、羽を鴻門に見る。謝して曰く、「臣 将軍と、力を戮せて秦を攻む。将軍は河北に戦ひ、臣は河南に戦ふ。自ら意《おも》はざりき、先に関に入りて秦を破り、復た将軍に此に見ゆるを得んとは。今者《いま》 小人の言有り、将軍をして臣と隙有らしむ」と。羽曰く、「此れ沛公の左司馬たる曹無傷の言なり」と。羽 沛公を留めて与《とも》に飲む。范増数〻羽に目し、佩ぶる所の玉玦を挙ぐる者《こと》三たび。羽 応ぜず。増 出でて項荘をして入り、前《すす》みて寿を為し、剣を以て舞はんと請ひ、因りて沛公を撃たしむ。項伯も亦た剣を抜きて起ちて舞ひ、常に身を以て沛公を翼蔽す。荘 撃つことを得ず。張良 出でて樊噲に告ぐるに事の急なるを以てす。

噲 盾を擁して直ちに入り、目を瞋《こら》して羽を視る。頭髪上指し、目眥 尽く裂く。羽曰く、「壮士なり、之に卮酒を賜へ」と。則ち斗卮酒を与ふ。「之に彘肩を賜へ」と。則ち生彘肩なり。噲立ちて飲み、剣を抜き肉を切りて之を啗《くら》ふ。羽曰く、「能く復た飲むか」と。噲曰く、「臣 死すら且つ避けず。卮酒安くんぞ辞するに足らんや。沛公先づ秦を破りて咸陽に入る。労苦して功高きこと此の如くなるに、未だ封爵の賞有らず。而も将軍、細人の説を聴き、有功の人を誅せんと欲す。此れ亡秦の続のみ。切《ひそ》かに将軍の為に取らざるなり」と。羽曰く、「坐せよ」と。噲、良に従ひて坐す。

【現代語訳】 沛公は翌朝百余騎の部下を引きつれて、鴻門《こうもん》に行って項羽と会見した。おわびをしていうには、「自分は将軍と力を合わせて秦を攻め、将軍は黄河の北で戦われ、わたしは南で戦いました。けれどもまさか、自分が将軍より先に関中に入って秦を滅ぼし、再びこの地でお目にかかることができようとは、予想もしませんでした。ところが、ただ今、つまらぬものが無根の事を言いふらし、将軍と自分とを仲たがいさせようとしました」と。項羽は、「それは貴公の（部下の）左司馬の曹無傷《そうむしょう》から聞いた」といった。項羽は沛公を引き留めてともに酒もりをした。その席上、范増《はんぞう》はしばしば項羽に目くばせして、腰に佩《お》びていた玉玦を三度も挙げて、決行せよと、合図した。羽は応じなかった。范増は席を外し、項荘《こうそう》に命じて宴席に入らせ、沛公の前に進んで健康を祝し、剣舞を舞って（酒興を添えたい）と申し出で、それにかこつけて沛公を撃たせようとした。それと見て、項伯もまた剣を抜いて起って舞い、いつも自分の身体で沛公をかばい防いだので、項荘はどうしても沛公を撃つことができなかった。張良は外に出て樊噲《はんかい》に事の差し迫っていることを知らせた。

樊噲は盾を小脇にかかえてズカズカと宴席に入り、目をつりあげて項羽を睨《にら》みつけた。その形相は物凄く、頭髪は怒りに燃えて突っ立ち、目尻はすっかり裂けていた。項羽はこれを見て、「あっぱれな勇士である。このものに大杯を与えよ」といった。よって一斗入りの大杯を与えた。項羽はまた「豚の肩の肉を取らせい」といった。よって生の豚の肩の肉が与えられた。樊噲はつっ立ったままでグッと飲みほし、剣を抜き肉を切ってムシャムシャ食った。項羽が「まだ飲めるか」と問うと、噲は「わたしめは死ぬことさえ何とも思っておりません。一杯の酒ぐらい何で辞退いたしましょう。主人沛公は、まっ先に秦を破って都の咸陽に入りました。労苦して功の大きいことはこのようでありますのに、まだこれといった領地も爵位もご褒美に与かっておりません。それどころか、将軍は小人の言葉を取り上げて、手柄のある人を殺そうとさえしておられます。これでは先に亡んだ秦の二の舞でございます。心ひそかに将軍のため遺憾に存じます」と申した。項羽は「まあ、すわれ」といった。樊噲は張良の次に坐った。

解説・鑑賞

●鴻門の会に至る経緯

項羽の叔父項梁が擁立した義帝（楚の懐王の孫で、当初は懐王と称する）は、項梁の死後、項羽を牽制するために、宋義や劉邦を用いた。そして、秦の首都咸陽に一番乗りを果たした者に、秦の根拠地であった関中を与えると約を結び、諸将を競わせた。

項羽が、秦の主力である章邯軍と戦っている間に、武関より咸陽に入り、秦王の子嬰を降服させた劉邦は、函谷関を閉じた。劉邦に遅れて函谷関に至った項羽は、関を守る劉邦軍の兵を見て大いに怒り、当陽君らを派遣して函谷関を攻撃し、関中へ入って戯西《ぎせい》に軍を進めた。劉邦に謀反の罪を問い、撃滅しようとしたのである。

劉邦の軍師の張良と旧交のあった項羽の叔父の項伯は、当時覇上《はじょう》に駐屯していた劉邦軍に、夜ひそかに馬を走らせ、張良を脱出させようとした。張良は、それを拒否して、一部始終を劉邦に伝えた。劉邦は驚き、項伯と会って姻戚関係を結ぶことを約束すると共に、「咸陽に入って以来、宝物などを奪う事もせず、項将軍を待っていました。関に兵を置いたのは盗賊と非常時に備えたものです。これを項将軍に伝えて下さい」と言い訳をした。

項伯は、この弁明を納得したが、それを項羽へ伝える条件として、劉邦が明朝、項羽の陣営へ直接来て謝罪する必要があると言い、劉邦はこれを受け入れた。一方の項羽も項伯の取り成しにより怒りを和らげ、弁明を聞くことにした。翌日、のちにいう「鴻門の会」が、行われたのである。

●張良の立場

張良は、代々韓の宰相を務めた家に生まれ、韓が秦に滅ぼされたのちは、勇士を傭って始皇帝の暗殺を試みて失敗した。そののち、多くの将に自らの兵法を説いたが、その策を素直に受け入れ、実践に採用した者が劉邦であった。張良は、「まことに天授の英傑である」と劉邦を評価し、その配下に止まった。

やがて、項梁が義帝を擁立すると、張良は韓の公子であった韓成を韓王に立てるよう進言し、それが認められたため、張良は韓王の申徒（司徒）となり、韓王に従って旧韓の城を占領したが、秦に奪い返された。

そこに、進軍してきた劉邦軍に合流し、旧韓の数十城を攻め取り、その一つに韓王を留めると、自らは劉邦に従って、秦に攻め上がり、買収策により武関《ぶかん》を陥落させ、咸陽に入城した。帝都のきらびやかにひかれ、ここで楽しみたいという劉邦を叱咤し、咸陽を出て覇上に駐屯させたところに項伯が訪れたのである。

このののち、張良は再び、韓王成のもとに戻ろうとするが、成は項羽に殺害される。遺体を丁重に埋葬した張良は、甥の信を探し出し、成信侯に封建すると、以後は正式な劉邦の臣下として、その天下平定を助けたのである。

●項伯のその後

項伯は、鴻門の会の後、甥の項羽の傍らに仕え、項羽から離反した黥布《げいふ》の妻子を九江に殺害するなど、項羽の武将として活躍した。その後、項羽が敗れると、劉邦に帰服した。

項伯は、鴻門の会における功績と、劉邦との姻戚関係を結ぶ約束によって、劉邦から射陽侯に封じられ、「項姓では暮らし難かろう」と、劉氏を名乗ることを許され、劉纏と改姓した。

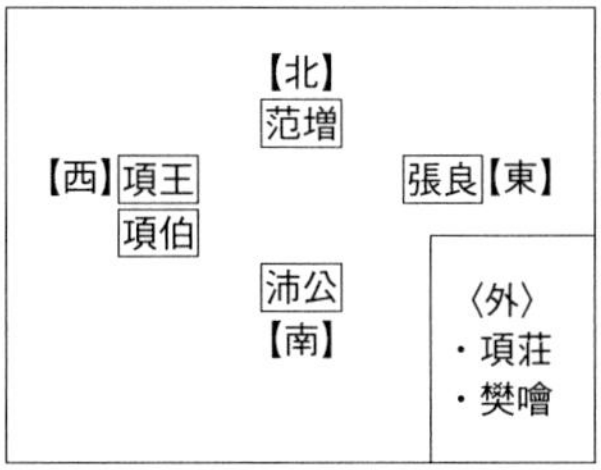

座席表

第一八回　鴻門の会　2

須臾《ニシテ》沛公起《チテ》如《ゆキ》レ厠《ニ》、因《リテ》招《キテ》レ噲《ヲ》出《デ》、
間行《シテ》趨《はしル》二覇上《ニ》一。留《メテ》レ良《ヲ》謝《セシメテ》レ羽《ニ》曰《ク》、沛
公不《シテ》レ勝《たへ》二桮杓《ニ》一、不レ能《ハ》レ辞《スル》。使《ムト》下臣良《ヲシテ》奉《ジ》二
白璧一双《ヲ》一、再拝《シテ》献《ジ》二将軍《ノ》足下《ニ》一、玉
斗一双、再拝《シテ》奉《ゼ》中亜父《ノ》足下《ニ》上。羽曰《ク》、
沛公安《いづクニ》在《ルト》。良曰《ク》、聞《キ》二将軍有《リト》レ意三督二-
過《スルニ》之《ヲ》一、脱《シテ》レ身《ヲ》独《リ》去《リ》、已《ニ》至《ラント》レ軍《ニ》矣。亜父
抜《キ》レ剣《ヲ》、撞《つキ》二玉斗《ヲ》一而破《リテ》レ之《ヲ》曰《ク》、唉《ああ》豎子、
不レ足《ラ》レ謀《ルニ》。奪《フ》二将軍《ノ》天下《ヲ》一者《ハ》、必《ズ》沛公《ナラント》
也。沛公至《リ》レ軍《ニ》、立《たちどころニ》誅《ス》二曹無傷《ヲ》一。
居《ルコト》数日、羽引《キテ》レ兵《ヲ》西《シ》、屠《リ》二咸陽《ヲ》一、殺《シ》二
降王《ノ》子嬰《ヲ》一、焼《ク》二秦《ノ》宮室《ヲ》一。火三月《ニ》不レ

須臾　まもなく。

桮杓《ひしゃく》　桮はさかづき。勺は酒を汲む道具。

白璧一双　璧は円形扁平で中心に孔のある玉。一双は一対。

足下　貴下などと同じく人を敬うことば。

玉斗　両側に手で持つところのある玉製の盃のこと。

亜父　亜は次ぐ意。父に次いで尊敬する人という意味で項羽は范増を亜父と呼んでいた。

督過　過失を責めとがめること。

豎子《じゅし》　小僧ぐらいの意。范増は項羽に沛公を殺せとしばしば合図したのに、実行しなかったから、項荘を罵るふりをしながら、項羽を罵ったのである。

曹無傷　項羽に劉邦を中傷していた。

子嬰《しえい》　秦王。すでに劉邦に降伏していた。

宮室　阿房宮のこと。

絶。掘始皇家、収宝貨・婦女而東。秦民大失望。韓生説羽、関中阻《へだテ》山帯河、四塞之地肥饒。可都以覇。羽見秦残破、且思東帰。曰、富貴不帰故郷、如衣《きテ》繍夜行耳。韓生曰、人言、楚人沐猴而冠。果然。羽聞之、烹《にル》韓生。

始皇家 ここでは、始皇帝陵を指す。始皇帝陵は、生前と同様に暮らせるようにしてあったという。

残破 そこなわれ破れたさま。

衣繍 衣は着る。繍は五色の糸で縫い取りした美しい着物。

楚人 ここでは、楚に生まれた項羽をさす。

沐猴而冠 沐猴は猿のこと。猿が冠をかぶるようだと言って、項羽を嘲笑した。

【書き下し】 須臾にして沛公起ちて厠に如《ゆ》き、因りて噲を招きて出で、間行して覇上に趨《はし》る。良を留めて羽に謝せしめて曰く、「沛公 桮勺に勝《た》へずして、辞する能はず。臣 良をして白璧一双を奉じ、再拝して将軍の足下に献じ、玉斗一双、再拝して亜父の足下に奉ぜしむ」と。羽曰く、「沛公 安《いづ》くに在る」と。良曰く、「将軍 之を督過するに意有りと聞き、身を脱して独り去り、已に軍に至らん」と。亜父、剣を抜き、玉斗を撞《つ》き之を破りて曰く、「唉《ああ》 豎子、謀るに足らず。将軍の天下を奪ふ者は、必ず沛公ならん」と。沛公 軍に至り、立《たちどこ》ろに曹無傷を誅す。

居ること数日、羽 兵を引きて西し、咸陽を屠《ほふ》り、降王の子嬰を殺し、秦の宮室を焼く。火 三月に絶えず。始皇の家を掘り、宝貨・婦女を収めて東す。秦の民 大いに望を失ふ。韓生 羽に説くに、「関中は山を阻《へだ》て河を帯び、四塞の地にして肥饒なり。都して以て覇たる可し」と。羽 秦の残破せるを見、且つ東帰を思ふ。曰く、「富貴にして故郷に帰らざるは、繍《しゅう》を衣《き》て夜 行くが如きのみ」と。韓生曰く、「人言ふ、「楚人は沐猴《もくこう》にして冠す」と。果たして然り」と。羽 之を聞きて韓生を烹《に》る。

【現代語訳】 まもなく沛公《はいこう》は（席を）起って便所に行き、それによって樊噲《はんかい》を呼んで（項羽の陣営から）逃げ出し、間道を通って覇上《はじょう》に急行した。張良《ちょうりょう》を後に留めて項羽におわびをさせ、「沛公は（酩酊して）将軍のお相手ができず、（また）

お暇乞いも申し上げられません。良《わたし》に白い璧一対を捧げて、再拝して（項羽）将軍のお手元に献上し、玉斗一対を（捧げて）、再拝して亜父《あほ》（范増）に献上させました」と言った。項羽は、「沛公はどこにおるのか」と尋ねた。張良は、「（沛公は）将軍が過失をお咎めになるお気持ちがあると聞き、身を脱れて独り去り、すでに覇上の軍におられるでしょう」と答えた。（これを聞いて）亜父は、剣を抜き、（張良の捧げた）玉斗を突きくだいて、「ああ小僧め、（ともに天下の大事を）謀るには足らぬ。（項羽）将軍の天下を奪う者は、きっと沛公であろう」と言った。（そのころ）沛公は軍営に到着し、即座に（自分を項羽に中傷した）曹無傷《そうむしょう》を誅殺した。

滞陣すること数日で、項羽は兵を率いて西に進み、咸陽で殺戮を行ない、降伏していた（秦王の）子嬰《しえい》を殺し、秦の宮殿を焼いた。その火は三ヵ月も燃え続いた。始皇帝の陵墓を掘りかえし、宝物財貨や美人を奪い東へ引きあげた。秦の民は（項羽に）大いに失望した。韓生は項羽に、「関中は山により隔てられ大河がその中を流れ、四方が塞がった（要害の）地で（地味もよく）肥えております。（ここに）都を定めて覇者となるべきです」と説いた。項羽は秦（の跡地）が荒れ果てたのを見て（嫌気《いやけ》がさし）、かつ東の故郷へ帰りたくなって、「富貴（な身分）になって故郷へ帰らなければ、錦《にしき》の着物を着て夜に歩くようなものである」と答えた。韓生は、「ある人は、「楚人は猿が冠をつけている（ようなものだ）」と言っている。全くその通りだ」と嘲った。項羽はこれを聞いて韓生を煮殺した。

解説・鑑賞

●鴻門の会の意義

鴻門の会は、項羽にとって劉邦を討つ決定的な好機であった。ここで劉邦を討てなかったことが、後の敗北につながった、と考えてよい。しかも、劉邦が関中に寛容であったことに対して、略奪を行った項羽に対する関中の恨みは強く、こののち関中の民は、劉邦を支え続ける。

覇王となって劉邦を漢中の地に左遷し、関中を秦の章邯らに領有させたにもかかわらず、劉邦が関中をすぐに取り返すことができたのは、鴻門の会を乗り越えることができたからである。

また、范増も項羽が劉邦を討たなかったことに憤慨し、こののち、陳平の離間策にかかり、項羽と対立していく遠因となる。范増を失ったのちの楚軍は、張良・陳平の策謀に対抗する力も失い、次第に追い詰められていくのである。

第一九回　国士無双

初メ淮陰ノ韓信、家貧シクシテ釣ス城下ニ。有リ漂母、見テ信ノ餓エタルヲ飯セシム信ニ。信曰ク、吾必ズ厚ク報ヰント母ニ。母怒リテ曰ク、大丈夫不能ハ自ラ食フ、吾哀ミテ王孫ヲ而進ム食ヲ。豈ニ望マンヤ報ヲ乎ト。淮陰ノ屠中ノ少年ニ有リ侮ル信ヲ者。因リテ衆ニ辱カシメテ之ヲ曰ク、若《なんぢ》雖モ長大ニシテ好ミテ帯ブト剣ヲ、中情ハ怯ナル耳。能ク死セバ刺セ我ヲ。不ンバ能《あたハ》出デヨト我ガ胯下ヨリ。信熟視シ之ヲ、俛シテ出デテ胯下ヨリ蒲伏ス。

一市ノ人皆笑フ信ガ怯ヲ。

項梁渡ルヤ淮ヲ、信従フ之ニ。又数以テ策ヲ干《もとムモ》項羽ニ、不用ヒラレ。亡ゲテ帰シ漢ニ、為ル治粟都尉ト。数与蕭何語ル。何奇トス之ヲ。王至ル南

淮陰　地名。淮水の南。今の江蘇省淮安市。

韓信　蕭何・張良とともに漢の三傑と言われる。後に淮陰侯に封ぜられたが、高祖や呂后に疑われて殺された。

漂母　布をさらすおばさん。

王孫　王者の子孫の意。本来は、貴公子を呼ぶ尊称。

屠中　牛馬などを屠殺するものの住む部落の中。

中情　心の中。

胯下　またの下。

蒲伏　匍匐に同じ。腹を下にして手足ではうこと。

淮　淮水のこと。安徽省の北部から江蘇省を経て、黄海に入る。

治粟都尉　米穀をつかさどる官。

鄭《ニ》。将士皆謳歌《シテ》思《ヒ》帰《ランコトヲ》、多《ク》道《ヨリ》亡《グ》。
信度《ルニ》、何已《ニ》数《ミ》言《ヒシモ》、王不《ルナリト》用《ヒ》。即《チ》亡《ゲ》
去《ル》。何自《ラ》追《フ》之《ヲ》。人曰《ク》、丞相《ノ》何亡《グト》。王
怒《リ》、如《シ》失《フガ》左右《ノ》手《ヲ》。何来《リ》謁《ス》。王罵《リテ》曰《ク》、
若亡《ゲシハ》何《ゾ》也《ト》。何曰《ク》、追《フ》韓信《ヲ》。王曰《ク》、諸
将《ノ》亡《グルモノ》以《テ》十《ヲ》数《フモ》、公無《シ》所追《フ》。追《フトハ》信《ヲ》
詐《ナラント》也。何曰《ク》、諸将《ハ》易《キ》得耳。信《ハ》国
士無双《ナリ》。王必《ズ》欲《セバ》長《ク》王《タラント》漢中《ニ》、無《シ》
所事《トスル》信《ヲ》。必《ズ》欲《セバ》争《ハント》天下《ヲ》、非《ズンバ》信《ニ》無《シト》可《キ》
与《ニ》計《ル》事《ヲ》者。王曰《ク》、吾《モ》亦《タ》欲《スル》東《セント》耳。安《いづクンゾ》
能《ク》鬱鬱《トシテ》久《シク》居《ラン》此《ニ》乎《ト》。何曰《ク》、計《ラバ》必《ズ》東《セント》、
能《ク》用《ヒヨ》信《ヲ》。信即《チ》留《マラン》。不《ンバ》然《ラ》信終《ニ》亡《ゲン》耳《ト》。
王曰《ク》、吾為《ニ》公《ノ》以《テ》為《サント》将《ト》。何曰《ク》、不《ル》

南鄭　劉邦が封建された漢中の都で、今の陝西省漢中市南鄭県。

丞相　行政の最高官。

国士無双　並ぶもののない、国の中で最も優れた人物のこと。

無所事信　事は「事トス」とよみ、自分の仕事として一心に努め励むこと。

鬱鬱　志を得ないで気のふさぐ様子。

留《マラ》也《ト》。王曰《ク》、以《テ》為《サント》二大将《ト》一。何曰《ク》、幸甚《ナリ》。王素《ヨリ》慢《ニシテ》無《シ》レ礼。拝《スルコト》二大将《ヲ》一如《シ》レ呼《ブガ》二小児《ヲ》一。此《レ》信《ノ》所二以《ナリト》去《ル》一。乃《チ》設《ケ》二壇場《ヲ》一、具《フ》レ礼《ヲ》。諸将皆喜《ビ》、人人自《ラ》以為《ヘラク》、得《ント》二大将《ヲ》一。至《リテ》レ拝《スルニ》乃《チ》韓信也。一軍皆驚《ク》。王遂《ニ》用《ヒテ》二信《ノ》計《ヲ》一、部二署《シ》諸将《ヲ》一、留《メテ》二蕭何《ヲ》一、収《メ》二巴・蜀《ノ》租《ヲ》一、給《セシム》二軍《ノ》糧食《ヲ》一。信引《キテ》レ兵《ヲ》従《リ》二故道一出《デ》、襲《フ》二雍王《ノ》章邯《ヲ》一。邯敗死《ス》。塞王《ノ》司馬欣・翟王《ノ》董翳皆降《ル》。

大将　大将軍のこと。君主に代わって将軍を率いる、軍の最高指揮官。

拝大将　拝は官爵を授けること。

壇場　土地を高くして壇を設け、地を払い清めてつくった場のこと。

租　田租のこと。税金。

司馬欣　もと秦の将軍。章邯・董翳と共に三人で関中を分割して王とされていた。

董翳　もと秦の将軍。項羽に王とされていた。

【書き下し】　初め淮陰の韓信、家　貧しくして城下に釣す。漂母有り、信の餓ゑたるを見て信に飯せしむ。信曰く、「吾　必ず厚く母に報ゐん」と。母　怒りて曰く、「大丈夫自ら食ふ能はず。吾　王孫を哀みて食を進む。豈に報を望まんや」と。淮陰の屠中の少年に信を侮る者有り。衆に因りて之を辱かしめて曰く、「若《なんぢ》　長大にして好みて剣を帯ぶと雖も、中情は怯なるのみ。能く死せば我を刺せ。能《あた》はずんば我が胯下より出でよ」と。信　之を熟視し、俛して胯下より出でて蒲伏す。一市の人、皆　信が怯を笑ふ。

項梁　淮を渡るや、信　之に従ふ。又　数〻策を以て項羽に干《もと》むも、用ひられず。亡げて漢に帰し、治粟都尉と為る。数〻蕭何と語る。何　之を奇とす。王　南鄭に至る。将士　皆　謳歌して帰らんことを思ひ、多く道より亡《に》ぐ。信　度るに、何　已に数〻

言ひしも、王 用ひざるなりと。即ち亡げ去る。何 自ら之を追ふ。人曰く、「丞相の何 亡ぐ」と。王 怒り、左右の手を失ふが如し。何 来り謁す。王 罵りて曰く、「若 亡げしは何ぞや」と。何曰く、「韓信を追ふ」と。王曰く、「諸将の亡ぐるもの十を以て数ふも、公 追ふ所無し。信を追ふとは詐ならん」と。何曰く、「諸将は得易きのみ。信は国士無双なり。王 必ず長く漢中に王たらんと欲せば、信を事とする所無し。必ず天下を争はんと欲せば、信に非ずんば与に事を計る可き者無し」と。王曰く、「吾も亦た東せんと欲するのみ。安《いづ》くんぞ能く鬱鬱として久しく此に居らんや」と。何曰く、「必ず東せんと計らば、能く信を用ひよ。信 即ち留まらん。然らずんば信 終に亡げんのみ」と。

王曰く、「吾 公の為に以て将と為さん」と。何曰く、「留まらざるなり」と。王曰く、「以て大将と為さん」と。何曰く、「幸甚なり。王 素より慢にして礼無し。大将を拝すること小児を呼ぶが如し。此れ信の去る所以なり」と。乃ち壇場を設け、礼を具ふ。諸将 皆 喜び、人人 自ら 以為へらく、大将を得んと。拝するに至りて乃ち韓信なり。一軍 皆 驚く。王 遂に信の計を用ひて、諸将を部署し、蕭何を留めて、巴・蜀の租を収め、軍の粮食を給せしむ。信 兵を引いて故道より出で、雍王の章邯を襲ふ。邯 敗死す。塞王の司馬欣・翟王の董翳、皆 降る。

【現代語訳】 はじめ淮陰《わいいん》出身の韓信《かんしん》は、家が貧しかったので、淮陰の城下で釣をしていた。（たまたま古綿を）さらしていたおばさんがおり、韓信のひもじそうな様子を見て信に飯を食わせた。韓信は、「わたしが（出世したら）かならず厚くおばさんにお礼します」と言った。するとおばさんは腹を立てて、「立派な一人前の男が自分で食べることすらできない。わたしはあなたを気の毒に思って食事をあげただけだ。お礼なんか望むものか」と言った。淮陰の牛馬屠殺場の若者で韓信を侮るものがいた。仲間と一緒に韓信を辱めて、「おまえは図体ばかり大きく好んで剣をさげているが、心の中は怯えているのさ。殺せるものならおれを刺してみろ。できなければおれの股の下をくぐれ」と言った。韓信は若者をじっと見つめていたが、身体をうつ伏せ腹這いになって股の下をくぐって出た。市場中のものは、みな韓信の臆病さを笑った。

項梁《こうりょう》が（秦を討つため）淮水《わいすい》を渡ると、韓信はこれに従った。（項梁が敗れたのち項羽に）またしばしば計略を献じて項羽に（用いられるよう）求めたが、用いられなかった。そこで逃げ出して漢（王の劉邦）につき、治粟都尉《ちぞくとい》となった。（そこで）しばしば蕭何《しょうか》と意見をかわした。蕭何は韓信を高く評価した。漢王は（漢中王として、その都の）南鄭《なんてい》に到着した。将士はみな（故郷の）歌をうたい帰りたいと思い、多くが途中で逃げ去った。韓信が考えるに、蕭何はすでにたびたび（自分を漢王に）推薦したが、漢王は採用しなかったと。そこで逃げ出した。蕭何は（韓信を引き留めるため）自分でその後を追った。ある人が、「丞相の蕭何が逃げました」と告げた。漢王は怒り、左右の手を失ったようであった。蕭何が戻り（漢王に）お目通りした。漢王は罵って、「おまえが逃げたのはなぜだ」と尋ねた。蕭何は、「韓信を追いかけました」と答えた。漢王は、「諸将の逃げたものは何十人といるのに、君が追いかけたことはない。韓信を追いかけたとは偽りであろう」と言った。蕭何は、「（ほかの）諸将はいつでも得られます。韓信は国士無双《こくしむそう》です。王がぜひいつまでも漢中に王でありたいと思われるなら、韓信を用いる必要はありません。もしぜひとも天下を争おうと思われるならば、韓信でなければともに大事を計ることのできるものはありません」と言った。漢王は、「わたしももちろん東に行こう（行き、項羽と戦おう）と思っている。どうしてふさぎこんで長くこんな所におられようか」と言った。蕭何は、「ぜひとも東にいこうとするのであれば、韓信を用いてください。（そうされれば）韓信はそのまま留まりましょう。そうでなければ韓信はけっきょく逃げ出すでしょう」と。

漢王は、「わたしは君のために（韓信を）将軍としよう」と言った。蕭何は、「留まりません」と答えた。漢王は、「それでは大将軍としよう」と言った。蕭何は、「幸甚です。（ただし）王は平素から傲慢で礼儀に欠けています。大将軍を任命するにも子供を呼びつけるようにします。これが韓信の逃げ去る理由です」と言った。そこで（漢王は）壇場を設け、礼を整えた。諸将はみな喜び、それぞれ自分が、大将軍になれると思った。任命されるとそれは韓信であった。全軍みな驚いた。漢王はこうして韓信の計略を用いて諸将をそれぞれ配置し、蕭何を（漢中に）残して巴《は》・蜀《しょく》の租税を取り立て、軍の食糧に当てさせた。韓信は兵を引きつれ故道から出て、雍王《ようおう》の章邯《しょうかん》を襲った。章邯は敗れて死んだ。塞王《さいおう》の司馬欣《しばきん》と翟王《てきおう》の董翳《とうえい》も、みな降服した。

解説・鑑賞

●戦略家と将軍

蕭何は、韓信を「国士無双」と称え、その才能は将軍ではなく、大将軍として初めて発揮されると考えた。将軍は通常、一万人程度の兵を率いる。もちろん、それだけの兵力を率いて、戦うためにはたいへんな能力が必要となる。それは、将軍個人の武力もさることながら、軍全体を掌握する能力がより重視される。

これに対して、大将軍は将軍を率いる。通常の場合、その国が戦いに向けられるすべての兵力を指揮するため、大将軍は単に軍を掌握するだけでなく、国全体の中における戦いの意味が考えられなければならない。

このため、大将軍には、国のグランドデザインを描く能力、それを実現するための長期的な戦略と行動計画、そして、それを実現していく統率力が必要となる。したがって、「国士無双」の人物、その国で並ぶことのない能力を持つ者を大将軍に任命しなければならない。

しかし、こうした人物は目先の利益ではなく、長期的な視点から物事を捉える。韓信が股をくぐったのも、そのためである。かれらの能力は、すぐに役に立つというものではなく、それを理解することはおろか、よしあしを判断できる人材は稀である。事実、韓信は項羽には用いられなかった。范増が仕えている項羽には必要なかった人材なのである。

このように考えると、韓信を見出し、その徹底的な重用を劉邦に進めた蕭何の眼力の凄味が分かる。また、自分では分からないながらも、信頼する蕭何の言葉にすべてを委ね、韓信を大将軍とした劉邦の器の大きさも理解できよう。

韓信はこののち、背水の陣など常識に捕らわれない戦法と大きなビジョンにより、項羽を追い詰めていく。

●蕭何の眼力

蕭何は、劉邦と同じく沛県の出身で、若いころからそこで下役人をしていた。その仕事ぶりは真面目で能率がよく、高く評価されていたという。秦末の動乱期に、部下の曹参らと共に沛県令を殺害、劉邦を後釜に迎えた。以降、劉邦陣営における内部事務の一切を取り仕切る。劉邦は天下統一の後、武功が全くない蕭何の功績を第一とした。蕭何の眼力を劉邦は高く評価したのである。

第二〇回　嫂を盗む

漢《ノ》二年、項籍弑《しいス》二義帝《ヲ》於江中《ニ》一。

初《メ》陽武《ノ》人《タル》陳平、家貧、好《ナルモ》レ読《ムヲ》レ書《ヲ》。里中《ノ》社《ニ》、平為《リ》レ宰《ト》、分《ツコト》レ肉《ヲ》甚《ダ》均《シ》。父老曰《ク》、善《シ》、陳孺子之為《たルコトト》レ宰。平曰《ク》、嗟《あ》乎《あ》、使《メバ》二平《ヲシテ》得レ宰《タルヲ》二天下《ニ》一、亦《タ》如《クセント》二此《ノ》肉《ノ》一矣。初《メ》事《ヘテ》二魏王《ノ》咎《ニ》一、不レ用《ヒラレ》。去《リテ》事《ヘ》二項羽《ニ》一、得《テ》レ罪《ヲ》亡《グ》。因《リテ》二魏無知《ニ》一求《ム》レ見《エンコトヲ》二漢王《ニ》一。拝《シテ》為《ス》二都尉・参乗・典護軍《ト》一。

周勃言《ヒテ》二於王《ニ》一曰《ク》、平《ハ》雖《モ》三美《ナルコト》如《シト》二冠玉《ノ》一、其《ノ》中未《ダ》二必《ズシモ》有《ラ》一也。臣聞《クナラク》、平居《リテハ》レ家《ニ》、盗《ミ》二其《ノ》嫂《ヲル》一、事《ヘテハ》レ魏《ニ》、不レ容《レラレ》、亡《ゲテ》帰《シ》レ楚《ニ》、又不レ容《レラレ》、亡《ゲテ》帰《スト》レ漢《ニ》。今大王令《メシニ》レ護《セ》レ軍《ヲ》、

項籍　項羽のこと。羽は字《あざな》で、名は籍であった。

義帝　項梁が擁立した楚の懐王の孫。

陽武　地名。いまの河南省新郷市陽武県。

里中社　里は、行政集落。社は土地の神を祭るやしろ。

宰　ここでは、料理人。神に供えた肉を切って分け与える役。

父老　里の有力者。

都尉・参乗・典護軍　都尉は武官、ここでは侍従官。参乗は王のくるまに陪乗する。典護軍は軍を監督する、ここでは参軍。陳平はこれを兼ねた。

周勃　劉邦と同じ沛県の出身。劉邦に死後を托され、陳平と共に呂后を打倒した。

其中未必有也　平の才能はあるが徳のないのに喩える。

受《ケタリ》諸将《ノ》金《ヲ》。願《ハクハ》王察《セヨト》之《ヲ》。王譲《せム》魏無知《ヲ》。無知曰《ク》、臣《ノ》所《ノ》言《フ》者《ハ》能也。大王《ノ》所《ノ》問《フ》者《ハ》行也。今有《リトモ》尾生・孝己之行、而無《クンバ》益《ニ》成敗之数《ニ》、大王何《ノ》暇《アリテカ》用《ヒン》之《ヲ》乎《ト》。王拜《シ》平《ヲ》護軍中尉《ニ》、尽《ク》護《セシム》諸将《ヲ》。諸将乃《チ》不敢《テ》復《タ》言《ハ》。

漢王至《ル》洛陽《ニ》。新城《ノ》三老董《タル》公遮《リ》説《キテ》曰《ク》、順《フ》徳《ニ》者《ハ》昌《エ》、逆《ラフ》徳《ニ》者《ハ》亡《ブ》。兵出《ヅルニ》無《クンバ》名、事故《ニ》不成《ラ》。明《ラカニセバ》其《ノ》為《ルヲ》賊、敵乃《チ》可《シ》服《ス》。項羽無道《ニシテ》、放《ニ》弑《ス》其《ノ》主《ヲ》。天下之賊也。夫《レ》仁《ハ》不以《テセ》勇《ヲ》、義《ハ》不以《テセ》力《ヲ》。大王宜《シク》率《ヰ》三軍之衆《ヲ》、為《ニ》之《ガ》素服《シテ》、以《テ》告《ゲテ》諸侯《ニ》而伐《ツ》之《ヲ》。於《テ》是《ニ》漢王為《ニ》義帝《ノ》発《シ》喪《ヲ》、告《ゲテ》諸侯《ニ》曰《ク》、天下

尾生　ある女子と橋の下で会う約束をしたが、女は来ず、俄かに水が出て首を没するに至ったが、約束を守って去らず、女子が来て見ると、橋桁をかかえて死んでいたという馬鹿正直な男。

孝己　殷の高宗の子。一夜に五たびも起きて親の安否を尋ね、自分は安眠しなかったほどの孝行息子。

護軍中尉　官名。諸将の監察を掌る。

新城　地名。いまの山西省臨汾市。

三老　官名。秦の時十里を一亭とし、十亭を一郷とし、郷ごとに三老の官を置いて教化を担当させた。

董公　董は姓、名は不詳。後に成侯に封ぜられた。

三軍　周の制度では天子は六軍、諸侯の大国は三軍、次国は二軍、小国は一軍と称する。一軍は約一万二千五百人。

素服　白い着物。喪の時に用いる。

共ニ立ツ二義帝ヲ一。今項羽放二‐弑ス之ヲ一。寡人悉ク発シ二関中ノ兵ヲ一、収メ二三河之士ヲ一、南ノカタ浮ンデ二江漢ニ一而下リ、願ハクハ従ヒ二諸侯王ニ一、撃タント下楚之弑スル二義帝ヲ一者ヲ上。

寡人《かじん》　身分の高いものの自称。

【書き下し】　漢の二年、項籍 義帝を江中に弑《しい》す。

初め陽武の人たる陳平、家 貧なるも、書を読むを好む。里中の社に、平 宰と為り、肉を分つこと甚だ均し。父老曰く、「善し、陳孺子の宰たること」と。平曰く、「嗟《あ》乎《あ》、平をして天下に宰たるを得しめば、亦た此の肉の如くせん」と。初め魏王の咎に事へて、用ひられず。去りて項羽に事へ、罪を得て亡ぐ。魏無知に因りて漢王に見えんことを求む。拝して都尉・参乗・典護軍と為す。

周勃 王に言ひて曰く、「平は美なること冠玉の如しと雖も、其の中 未だ必ずしも有らざるなり。臣聞くならく、平 家に居りては其の嫂を盗み、魏に事へては容れられず、亡げて楚に帰し、又 容れられず、亡げて漢に帰すと。今 大王 軍を護せしめしに、諸将の金を受けたり。願はくは王 之を察せよ」と。王 魏無知を譲《せ》む。無知曰く、「臣の言ふ所の者は能なり。大王の問ふ所の者は行なり。今 尾生・孝己の行有りとも、成敗の数に益無くんば、大王 何の暇ありてか之を用ひんや」と。大王 平を護軍中尉に拝し、尽く諸将を護せしむ。諸将 乃ち敢て復た言はず。

漢王 洛陽に至る。新城の三老たる董公 遮り説きて曰く、「徳に順ふ者は昌え、徳に逆らふ者は亡ぶ。兵 出づるに名無くんば、事 故に成らず。其の賊為るを明らかにせば、敵 乃ち服す可し。項羽 無道にして、其の主を放弑す。天下の賊なり。夫れ仁は勇を以てせず、義は力を以てせず。大王 宜しく三軍の衆を率ゐ、之が為に素服して、以て諸侯に告げて之を伐つべし」と。是に於て漢王 義帝の為に喪を発し、諸侯に告げて曰く、「天下 共に義帝を立つ。今 項羽 之を放弑す。寡人 悉く関中の兵を発し、三河の士を収め、南のかた江漢に浮んで下り、願はくは諸侯王に従ひ、楚の義帝を弑する者を撃たん」と。

【現代語訳】　漢の二年、項籍《こうせき》（項羽）は義帝《ぎてい》を江中《こうちゅう》で殺した。

これよりさき陽武《ようぶ》の人である陳平《ちんぺい》は、家は貧しかったが、書を読むことを好んだ。里の社（の祭り）で、陳平は料理方となり、（供えた後の）肉を分けることがたいへん公平であった。父老は、「よろしい。陳少年の宰ぶりは」と言った。陳平は、「ああ、平《わたし》に天下の宰をさせてくれれば、この肉のようにするのに」と言った。はじめ（陳平は）魏王の咎《きゅう》に仕えたが、用いられなかった。去って項羽に仕えたが、罪を得て逃げ出した。魏無知《ぎむち》の紹介により漢王に謁見を願った。漢王は（陳平を）都尉《とい》・参乗《さんじょう》・典護軍《てんごぐん》に任じた。

周勃《しゅうぼつ》は王に、「陳平は美しいこと玉で飾った冠のようですが、その中は必ずしも充実しておりません。わたしの聞くところでは、「陳平は家にいたころ嫂を寝取り、魏に仕えて用いられず、逃げて楚（の項羽）に身を寄せ、また用いられず、逃げてわが漢に身を寄せた」と言います。いま王は軍隊を監督させられていますが、（陳平は）諸将から賄賂を受け取りました。どうか王はよくお考えください」と言った。王は魏無知を責めた。無知は、「臣《わたし》が申し上げましたのは能力のことです。大王のお咎めなさるのは、品行のことです。いま尾生《びせい》や孝己《こうき》の（ような立派な）品行があっても、（天下の）成敗に利益がなければ、大王はどうしてそんなものを用いられるお暇がございましょう」と言った。（魏無知の言葉を良しとした）王は（陳平を）護《ご》軍中尉《ぐんちゅうい》に任じ、すべての諸将を監督させた。諸将はそこであえて陳平のことを言わなくなった。

漢王は洛陽に至った。（そのとき）新城の三老である董公《とうこう》が道を遮り漢王に、「徳に従うものは栄え、徳に逆らうものは亡びます。兵（を起こすの）に正しい名目がなければ、事は成功しません。もし相手が逆賊であることを明らかにすれば、敵は降伏するものです。項羽は無道で、その主（君義帝）を追放して弑殺しました。天下の逆賊です。そもそも仁を行うには勇を必要とせず、義を行うには力を必要としません。大王にはよろしく三軍の兵を率い、義帝のために喪服を着て、諸侯に告げてこれを討伐すべきです」と説いた。そこで漢王は義帝のために喪を発し、諸侯に告げて、「（かつて）天下は共に義帝を立てた。いま項羽は義帝を追放して弑殺した。寡人《わたし》はことごとく関中の兵を発し、三河《さんが》（河南・河東・河内）の兵を集め、南に向かって江水《こうすい》・漢水《かんすい》に（船を）浮かべて下り、どうか諸侯王の後に従って、義帝を殺した楚の逆賊を撃ちたい」と言った。

解説・鑑賞

●人間性か才能か

いい人だけど、仕事ができない、という評価はよく耳にする。その逆が陳平《ちんぺい》である。どちらを優先して用いるのかは、用いる側が置かれた状況によるのであろう。

魏無知《ぎむち》は、それを約束を守り続けて死んだ尾生《びせい》や、親への孝のため安眠できなかった孝己《こうき》が、天下を平定するために必要なのか、と劉邦に問いかけることで示した。魏無知の推挙と劉邦の器があったこそ、人間性に欠ける陳平は、その能力を如何なく発揮できた。

陳平が、最も力を尽くしたのは、項羽を支える軍略家の范増《はんぞう》と項羽との仲を裂くことであった。いまでも、機密費には領収書が不要なように、この手の仕事は清廉潔白な人間には務まらない。人間性を疑われるような非情さと、卑劣な手段をものともしない強い意志、そして何よりも抜群の知能が要求される職務である。天才の陳平は、そのすべてを兼ね備えていた。陳平の離間策により、項羽は范増を信頼できなくなり、范増の離脱後、項羽の戦いには方針が失われる。勝利に勝利を重ねても、項羽が天下を統一できなかった理由である。

陳平はこのあと、何度も劉邦の危機を救う。劉邦が項羽に追われ、滎陽《けいよう》城に籠城した際には、偽物の漢王を城の外へ出し、敵の降伏に楚兵が喜び油断したところを城の反対側から脱出する策（金蝉脱殻《きんせんだっこく》の計）で劉邦を脱出させた。韓信が斉王《せいおう》を名乗ることを願い出た際には、憤る劉邦をなだめ、広武山《こうぶさん》で項羽と和議を結んだ際には、和議を破って疲弊した項羽軍に攻め込むべきことを説き、最終的な漢の勝利を得た。前漢の建国後、劉邦が白《はく》登山《とうさん》で匈奴《きょうど》に包囲された際には、奇策により和睦に成功する。その策は、固く秘密とされたが、一説によれば、匈奴の皇后に中国の美女が単于のものになるかもしれないと吹き込み、その嫉妬心につけ込んだものだという。いかにも陳平らしい策略である。

劉邦は、陳平の危うさを理解できなかったわけではない。劉邦は自らの死後を託しながらも、「陳平にすべてを任せては危ない」として、人間性に秀でる周勃と共に用うべきとした。陳平は、劉邦の死後、その期待通りの策略により、専権を振るった呂氏を打倒して、漢を守った。その際、兵権を掌握して、陳平を支えた者は、漢への忠誠が篤い周勃であった。

第二一回　背水の陣

未《ダ》至《ラ》井陘口《ニ》止《マリ》、夜半《ニ》伝発《シ》軽騎二千人《ヲ》、人《ゴトニ》持《チ》赤幟《ヲ》、従《リ》間道《ヲ》望《マシム》趙《ノ》軍《ヲ》。戒《メテ》曰《ク》、趙見《レバ》我《ガ》走《ルヲ》、必《ズ》空《シクシテ》壁《ヲ》逐《ハン》我《ヲ》。若《なんぢ》疾《とく》入《リ》趙《ノ》壁《ニ》、抜《キテ》趙《ノ》幟《ヲ》、立《テヨ》漢《ノ》赤幟《ヲ》。乃《チ》使《ム》万人《ヲシテ》先《ヅ》背《ニシテ》水《ヲ》陣《セ》。平旦建《テ》大将《ノ》旗鼓《ヲ》、鼓行《シテ》出《ヅ》井陘口《ヲ》。趙開《キテ》壁《ヲ》撃《ツ》之《ヲ》。戦《フコト》良《ヽ》久《シ》。信・耳佯《リテ》棄《テテ》鼓旗《ヲ》、走《ル》水上《ノ》軍《ニ》。趙果《タシテ》空《シクシテ》壁《ヲ》逐《フ》之《ヲ》。水上《ノ》軍皆殊《ニ》死戦《ス》。趙《ノ》軍已《ニ》失《ヒテ》信等《ヲ》帰《リ》壁《ニ》、見《テ》赤幟《ヲ》大《イニ》驚《キ》、遂《ニ》乱《レテ》遁《レ》走《ル》。漢軍夾撃《シテ》大《イニ》破《リ》之《ヲ》、斬《リ》陳余《ヲ》、禽《ニス》趙歇《ヲ》。諸将賀《ス》。因《リテ》問《ヒテ》曰《ク》、兵法《ニ》、右《ニシ》倍《キ》

井陘《せいけい》　地名。いまの河北省井陘県。

赤幟《せきし》　あかいのぼり。

壁　とりで。

鼓行　鼓は太鼓を鳴らすこと。鼓行は攻め太鼓を鳴らして堂々と進軍すること。

耳　張耳のこと。韓信と共に趙を攻めていた。

水上　水のほとり。

陳余　趙の宰相。

趙歇　趙の王。

右倍山稜　倍は背に同じ。山や丘を右またはうしろにして陣を布くこと。

山稜《ヲ》一、前《ニシ》二-左《ニスト》水沢《ヲ》一。今背《ニシテ》レ水《ヲ》而勝《チシハ》何《ゾ》也《ト》。信曰《ク》、兵法《ニ》不レ曰《ハ》下陥《レテ》二之《ヲ》死地《ニ》一而《ル》後《ニ》生《キ》、置《キテ》二之《ヲ》亡地《ニ》一而《ル》後《ニ》存《スト》上乎《ト》。諸将皆服《ス》。信募《リ》二-得《テ》李左車《ヲ》一、解《キテ》レ縛《ヲ》師二-事《ス》之《ニ》一。用《ヒ》二其《ノ》策《ヲ》一、遣《ハシテ》二弁士《ヲ》一奉《ゼシム》二書《ヲ》於燕《ニ》一。燕従《ヒテ》レ風《ニ》而靡《なびク》。

随何、説《キ》二九江王《ノ》黥布《ニ》一、畔《キテ》レ楚《ニ》帰《セシム》レ漢《ニ》。既《ニ》至《ルニ》、漢王方《まさニ》踞《シテ》レ床《ニ》洗《ヒ》レ足《ヲ》、召《シ》レ布《ヲ》入《リテ》見《エシム》。布悔《イ》怒《リテ》、欲《ス》二自殺《セント》一。及《ビ》二出《デテ》就《クニ》レ舎《ニ》、帳御・食飲・従官、皆如《シ》二漢王《ノ》居《ノ》一。又大《イニ》喜《ベリ》レ過《ギタルヲ》レ望《ニ》。

酈食其説《キ》二漢王《ニ》一、立《テント》二六国《ノ》後《ヲ》一。王曰《ク》、趣《すみやカニ》刻《セト》レ印《ヲ》。張良来《リ》謁《ス》。王方《ニ》食《スモ》、具《つぶさニ》告《グ》レ良《ニ》。良曰《ク》、請《フ》下借《リテ》二前箸《ヲ》一、為《ニ》二大王《ノ》一

死地　死を免れぬ場所。

亡地　滅亡を避けられぬ場所。

李左車　趙の将軍。李牧の孫。「敗軍の将は、兵を語らず」と述べた。

随何《ずいか》　劉邦の使者として、黥布に降伏を勧めた。

黥布　黥は入れ墨。本名は英布。項羽の配下であった。

酈食其《れきいき》　儒者。劉邦の使者として東奔西走した。

六国《りくこく》　楚・韓・魏・燕・趙・斉。

借前箸……籌之　天下の形勢を箸で一々描き示して説明する。

籌之。遂発八難。其七曰、天下游士、離親戚、棄墳墓、従大王遊者、徒欲望尺寸之地。今復立六国後、游士各帰事其主。大王誰与取天下乎。且楚惟無彊。六国復撓《たわ》而従之、大王焉得而臣之乎。誠用客謀、大事去矣。漢王輟食吐哺、罵曰、豎儒幾《ほとんど》敗乃公事。令趣銷印。

楚惟無彊　「惟無彊於楚」の倒置法。

撓　屈撓。恐れひるむこと。

哺《ほ》　口の中の食べかけ。

乃公《だいこう》　君主が臣下に向かって自分のことをいう呼称。おれ。

銷　消に同じ。

【書き下し】　未だ井陘口に至らずして止まり、夜半に軽騎二千人を伝発し、人ごとに赤幟を持ち、間道より趙の軍を望ましむ。戒めて曰く、「趙 我が走るを見れば、必ず壁を空しくして我を逐はん。若《なんぢ》疾《と》く趙の壁に入り、趙の幟《はた》を抜きて、漢の赤幟を立てよ」と。乃ち万人をして先づ水を背にして陣せしむ。平旦 大将の旗鼓を建て、鼓行して井陘口を出づ。趙 壁を開きて之を撃つ。戦ふこと良々《やや》久し。信・耳 佯《いつは》りて鼓旗を棄てて、水上の軍に走る。趙 果たして壁を空しくして之を逐ふ。水上の軍、皆 殊に死戦す。趙の軍 已に信らを失ひて壁に帰り、赤幟を見て大いに驚き、遂に乱れて遁れ走る。漢軍 夾撃して大いに之を破り、陳余を斬り、趙歇を禽にす。諸将 賀す。因りて問ひて曰く、「兵法に、山稜を右にし倍《そむ》き、水沢を前にし左にすと。今 水を背にして勝ちしは何ぞや」と。信曰く「兵法に、之を死地に陥れて而《しか》る後に生き、之を亡地に置きて而る後に存すと曰はずや」と。諸将 皆 服す。信 李左車を募り得て、縛を解きて之に師事す。其の策を用ひ、弁士を遣はして書を燕に奉ぜしむ。燕 風に従ひて靡《なび》く。

随何 九江王の黥布に説き、楚に畔きて漢に帰せしむ。既に至るに、漢王 方《まさ》に床に踞して足を洗ひ、布を召し入りて見えしむ。布 悔い怒りて、自殺せんと欲す。出でて舎に就くに及び、帳御・食飲・従官、皆 漢王の居の如し。又 大いに望に過ぎたるを喜べり。

酈食其 漢王に説き、「六国の後を立てん」と。王曰く、「趣かに印を刻せ」と。張良 来り謁す。王 方に食すも、具《つぶさ》に良に告ぐ。良曰く、「前箸を借りて、大王の為に之を籌《ちゅう》せんと請ふ」と。遂に八難を発す。其の七に曰く、「天下の游士、親戚を離れ、墳墓を棄てて、大王に従ひ遊ぶ者は、徒《ただ》に尺寸の地を望まんと欲す。今 復た六国の後を立つれば、游士 各〻帰りて其の主に事へん。大王は誰と与に天下を取らんや。且つ楚より惟《そ》れ彊きは無し。六国 復た撓《たわ》んで之に従はば、大王は焉《いづ》くんぞ得て之を臣とせんや。誠に客の謀を用ひなば、大事は去らん」と。漢王 食を輟《や》めて哺《ほ》を吐き、罵りて曰く、「豎儒《じゅじゅ》、幾《ほと》ど乃公《だいこう》の事を敗らんとす」と。趣かに印を銷《しょう》せしむ。

【現代語訳】（韓信は）まだ井陘口《せいけいこう》に到着しない前で（軍を）止め、真夜中に軽騎二千人を出発させ、めいめいに一本ずつ赤い幟《はた》を持たせ、間道から趙の軍を見張るよう命じた。（かれらに）戒めて、「趙はわが本軍の退却するのを見たら、きっと壁《とりで》を空にして追撃するであろう。お前たちはすばやく趙の壁に入り、趙の旗を抜いて、漢の赤い幟を立てよ」と言った。（こうして兵を分け）なんと一万人の兵をまず川を背にして陣取らせた。夜が明けると大将軍の旗や鼓をおし立て、太鼓を打って（堂々と）井陘口を出た。（それを見た）趙は壁を開けて撃って出た。戦ってしばらく経過した。（頃合いはよしと）韓信と張《ちょう》耳《じ》はいつわって旗や鼓を捨て、川のほとりに陣取った軍に向かって逃げ出した。趙は果たして壁を空にしてこれを追った。川のほとりの軍は（川を背にして逃げ場がないので）みな決死の覚悟で戦った。趙の軍はそうして韓信たちを取り逃がし壁に帰ると、（壁には漢の）赤い幟が立っているのを見て大いに驚き、かくて混乱して逃げ出した。漢軍はこれを夾み撃ちにして大いに破り、陳余《ちんよ》を斬り、趙歇《ちょうあつ》を生擒にした。（漢の勝利に）諸将は（韓信に）お祝いを述べた。そのとき韓信に、「兵法に、山や丘は右か後ろにし、川や沢は前か左に（して陣を敷く）とあります。いま川を後ろにして勝ったのはなぜでしょう」と尋ねた。

韓信は、「兵法に、これを必ず死地に陥れればかえって生き、これを亡地に置けばかえって存するとあるではないか」と答えた。諸将はみな感服した。韓信は李左車を賞を懸けて捕らえ、縄を解いてこれに師として事《つか》えた。（そして）李左車の策を用いて、弁士を派遣して手紙を燕王に渡した。燕は（漢の威）風に従ってなびくように降服した。

随何《ずいか》は九江王《きゅうこうおう》の黥布《げいふ》に説いて、楚（の項羽）に叛いて漢に帰服させた。（布はそれに従い、漢王の所に）やって来ると、漢王はちょうど床几に腰掛けて足を洗わせていたが、（そのまま）布を召して（その場に）入って会見させた。布は（その無礼さに、帰服したことを）後悔し怒って、自殺しようと思った。（ところが、そこを）出て宿舎に入ってみると、部屋の帳も衣服調度も飯食の献立も付添の役人も、みな漢王の住居と同様であった。そして希望以上の待遇を大いに喜んだ。

酈食其《れきいき》は漢王に説いて、「六国の後裔を立て（て諸侯にし）ましょう」と述べた。漢王は、「速やかに（六国の君に授ける）印章を作らせよ」と言った。（そこへ）張良が来てお目通りした。王は食事中であったが、細かに（その事情を）張良に話した。張良は、「御前のお箸を借りて、大王のために天下の形勢をお目にかけることをねがいます」と言った。かくして（その策の）八つの問題点を指摘した。その七番目は、「天下の遊士が、肉親と別れ、故郷を棄て、大王に従い仕えるのは、ただ少しばかりの土地を得たいと望んでいるからです。いま再び六国の後裔を立てれば、遊士はそれぞれ（もとの国に）帰って主人に仕えるでしょう。大王は誰と共に天下を取るのでしょう。しかも楚より強い国はありませんから、（六国を立てても）六国がまたひるんで楚に従えば、大王はどうしてこれを臣下にできましょう。まことに客（の酈食其）の謀を用いれば、（天下統一の）大事業もこれまでとなるでしょう」と言った。漢王は食事を止め口の中の食物を吐き出し、罵って、「青二才の儒者め。もう少しでわたしの事業をつぶすところであった」と言った。すぐさま六国の印章を消しつぶさせた。

解説・鑑賞

●井陘の戦いまで

劉邦の別働軍として進発した韓信は、まず魏《ぎ》を降し、代《だい》を降して趙《ちょう》へと進軍していた。趙を攻めるに先立ち、兵力不足の劉邦は、韓信に対して兵を送るよう命令し、韓信はこれに応えて兵を送ったために、兵力は少なく、三万ほどに過ぎなかった。

一方、趙は王の趙歇《ちょうあつ》と宰相の陳余《ちんよ》が二十万と号する大軍を動員して、韓信軍を撃退しようと待ち構えていた。趙には、李左車《りさしゃ》という名将がおり、陳余に対して、太行《たいこう》山脈の合間を通る「井陘口《せいけいこう》」という狭い谷間を利用して、ここを韓信が通っている間に出口を塞いで、別働隊により韓信の後方の輜重《しちょう》（補給部隊）を襲い、さらには挟撃する作戦を提案した。しかし、陳余は、「少数を相手に大軍が策を用いることは、趙の兵が弱いと諸侯に侮られることになる」と、これを却下した。陳余は、これまで実戦の経験に乏しく、優れた李左車の案を理解できなかった。この結果、韓信は、用心深く井陘口を通ったあとで、「背水の陣」を布き、圧倒的な兵力差を跳ね返して趙を破ったのである。

●背水の陣のねらい

韓信は、軍を三つに分けていた。趙の壁を奪い、漢の旗を立てる部隊、川を背中に陣を布いた部隊、自ら率いる主力部隊の三つである。このうち、勝利の要になったものが、川を背中に陣を布いた部隊の「死戦」であるため、井陘の戦いは、「背水の陣」で勝利をおさめた戦いとされるのである。

川を背に布いた陣が絶地《ぜっち》（滅亡を招く陣）であることは、『尉繚子《うつりょうし》』天官篇に、「水を背に陳（陣）すは絶地と為す（川を背に陣を布けば絶地となる）」とあり、諸将も述べているように、川は前に山は背に陣を布くことは兵法の基本である。これを見た陳余が、「韓信は兵法の初歩も知らない」と笑い、兵力差により一気に攻め滅ぼそうと、ほぼ全軍を率いて出撃したことは、故無きことではない。

しかし、兵法は一方で、兵を「絶地」などにおけば、必死の力を振るうことも指摘している。『孫子』九地篇には、「之を往く所無きに投ずれば、諸・歳の勇なり（兵士たちをどこにも行き場のない窮地に置けば、専諸《せんしょ》や曹《そう》劌《かい》のように勇戦・力闘する」とある。韓信は、これを狙っていたのである。現在でも「背水の陣」は、退路を断ち（あるいは断たれ）決死の覚悟を持って事にあたる、という意味の故事成語となっている。

その際、見逃してはならないことは、韓信はそれだけでなく、わざと自軍を侮らせて敵軍を城の外へ誘い出し（主力部隊の行動）、「背水の陣」で死戦する一方で、空にさせた城を落として赤い旗を立てる（最初の間道に伏せた部隊の行動)という、最終的に勝つための方策も行っていることである。「背水の陣」の死戦だけでは、負けなかっただけで、けっして勝利をおさめてはいない。韓信のこうした総合力こそが、個々の戦局ではなく、全体の俯瞰図を描きうる大将軍の能力なのである。

韓信像（拝将台）
「瓦零寺　中国三国志旅行記（http://garage359.blog.fc2.com/blog-entry-22.html）」より

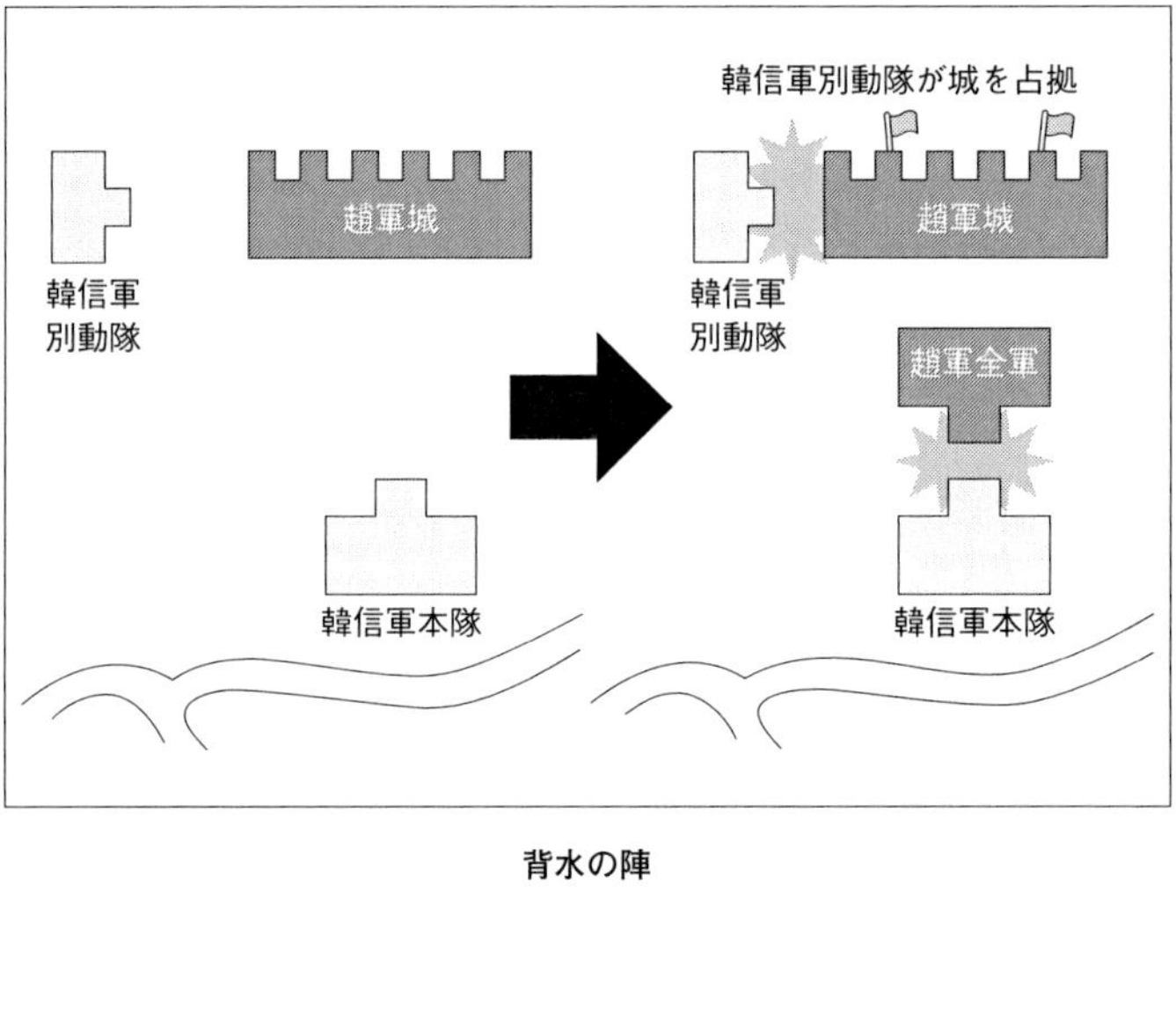

背水の陣

第二二回　滎陽の戦い

楚囲《ム》二漢王《ヲ》於滎陽《ニ》一。漢王謂《ヒテ》二陳平《ニ》一曰《ク》、天下紛紛《タリ》。何《レノ》時《ニ》定《マランかト》乎。平曰《ク》、項王《ノ》骨鯁之臣、亜父《ノ》輩数人耳。行《ヒテ》レ間《ヲ》以《テ》疑《ハシメバ》二其《ノ》心《ヲ》一、破《ルコト》レ楚《ヲ》必《セリト》矣。王与《ヘ》二平《ニ》黄金四万斤《ヲ》一、不《レ》問《ハ》二其《ノ》出入《ヲ》一。平多《ク》縦《ツ》二反間《ヲ》一。羽大《イニ》疑《フ》二亜父《ヲ》一。請《ヒテ》二骸骨《ヲ》一帰《リ》、疽発《シテ》レ背《ニ》死《ス》。

楚囲《ムコト》二漢王《ヲ》一益〻急《ナリ》。紀信曰《ク》、事急《ナリ》矣。請《フト》レ誑《カンコトヲ》レ楚《ヲ》。乃《チ》乗《リ》二漢王《ノ》車《ニ》一、出《ヅ》二東門《ヨリ》一曰《ク》、食尽《キ》漢王出《デ》降《ルト》。楚人皆之《ゆキテ》二城東《ニ》一観《ル》。漢王乃《チ》得《タリ》下出《デテ》二西門《ヨリ》一去《ルコトヲ》上。項羽焼‐殺《ス》二紀信《ヲ》一。

滎陽《けいよう》　地名。今の河南省滎陽市。
紛紛　糸のもつれた様子。
骨鯁之臣《こっこう》　剛毅直言の臣。鯁は、魚の骨がノドに立つこと。直言の臣は君の機嫌にさわることが、骨のノドに立つことと同じようである。
請骸骨　一度君に捧げた身を乞い受ける意。仕官を辞退すること。
疽《そ》　悪性の腫れ物の一種。
紀信　劉邦の武将。鴻門の会のときにも、樊噲らと共に参軍として劉邦を護衛していた。

漢王軍《ス》二成皋《ニ》一。羽囲《ム》レ之《ヲ》。王逃《レ》去《リ》、北《ノカタ》渡《リ》レ河《ヲ》、晨《ニ》入《リ》二趙《ノ》壁《ニ》一、奪《ヒ》二韓信《ノ》軍《ヲ》一、令《ム》下信《ヲシテ》収《メテ》二趙兵《ヲ》一撃《タ》上レ斉《ヲ》。

酈食其説《キ》レ王《ニ》、収《メ》二滎陽《ヲ》一、拠《リテ》二敖倉《ノ》粟《ニ》一、塞《ガントス》二成皋之険《ヲ》一。王従《フ》レ之《ニ》。

酈食其為《ニ》二漢王《ノ》一、説《キテ》二斉王《ニ》一下《ス》レ之《ヲ》。蒯徹説《キテ》二韓信《ニ》一曰《ク》、将軍撃《ツ》レ斉《ヲ》。而《ルニ》漢独《リ》発《シテ》二間使《ヲ》一下《セリ》レ之《ヲ》。寧《むしロ》有《リテ》レ詔止《メシ》二将軍《ヲ》一乎。酈生伏《シテ》レ軾《ニ》、掉《ヒ》二三寸《ノ》舌《ヲ》一、下《セリ》二七十余城《ヲ》一。将軍為《コト》レ将数歳、反《リテ》不《ル》レ如《カ》二一豎儒之功《ニ》一乎《ト》。

四年、信襲《ヒテ》破《ル》レ斉《ヲ》。斉王烹《テ》二食其《ヲ》一而走《ル》。

漢与楚《ト》皆軍《ス》二広武《ニ》一。羽為《つくリテ》二高俎《ヲ》一、

成皋《せいこう》　地名。いまの河南省滎陽市汜水鎮付近。

奪韓信軍　韓信がかつて漢王からもらった将軍としての兵符を横取りして、軍をのっとること。

敖倉　山の名。そこに秦の米倉があった。

蒯徹《かいてつ》　前漢の武帝と同名であるため、蒯通と書かれることが多い。こののち、韓信に斉を拠点に、劉邦・項羽に対抗する第三勢力となることを勧める。

軾《しょく》　車の前に設けた横木。車中で敬礼するとき、手をついた。

置太公其上、告漢王曰、不急下、吾烹太公。王曰、吾与若《なんぢ》倶北面事懐王、約為兄弟。吾翁即若翁。必欲烹而《なんぢガ》翁、幸分我一杯羹。羽願与王挑戦。王曰、吾寧闘智。不闘力。因数羽十罪。羽大怒、伏弩射王傷胸。

楚使竜且救斉。竜且曰、韓信易与《くみシ》耳。寄食於漂母、無資《たすクル》身之策、受辱於胯下、無兼人之勇。進与信夾濰水而陣。信夜使人囊沙壅水上流、旦渡撃且、佯敗還走。且追之。信使決水。且軍大半不得渡。急撃殺且。信使人言

太公　劉邦の父。

北面　天子は南面し、臣は北面して坐する。臣として仕えること。

竜且《りゅうしょ》　項羽の武将。周蘭を副将に二十万の兵を率いて、韓信と戦った。

兼人之勇　他人の分までを自分がするというように、人を凌ぎ勝つ勇気。

濰水　山東省にある川の名。

之ヲ漢王一ニ、請下フ為二リテ仮王一ト以テ鎮上レセント斉ヲ。漢王大イニ怒リテ罵レル之ヲ。張良・陳平躡《ふみ》レ足ヲ附レケテ耳ニ語ル。王悟リ、復タ罵リテ曰ク、大丈夫、定二メバ諸侯一ヲ、即チ為二ラン真王一耳。何ゾ以レテ仮ヲ為サント。遣レハシ印ヲ立レテテ信ヲ為二ス斉王一ト。

項羽聞二キテ竜且死一スト、大イニ懼レ、使二メ武渉ヲシテ説一レカ信ニ、欲三ス与ニ連和シテ三二‐分セント天下一ヲ。信曰ク、漢王授二ケ我ニ上将軍ノ印一ヲ、解レキテ衣ヲ衣レセ我ニ、推レシテ食ヲ食レマシム我ニ。言ハ聴カレ計ハ用ヒラル。我倍《そむ》レクハ之ニ不祥ナリ。雖レモ死スト不レ易ヘ。蒯徹モ亦タ説レク信ニ。信不レ聴カ。

漢立二テテ黥布ヲ一、為二ス淮南王一ト。

躡足附耳 漢信の使者に知らせぬよう、漢王の足を踏んで注意を促し、耳に口をつけてヒソヒソと語ること。

遣印 斉王の印章を刻み、使者に持たせておくった。

推食 自分の食物を推し譲って人に与えること。

【書き下し】 楚 漢王を滎陽に囲む。漢王 陳平に謂ひて曰く、「天下紛紛たり。何れの時に定まらんか」と。平曰く、「項王の骨鯁の臣、亜父の輩 数人のみ。間を行ひて以て其の心を疑はしめば、楚を破ること必せり」と。王 平に黄金四万斤を与へ、其の出入を問はず。平 多く反間を縦《はな》つ。羽 大いに亜父を疑ふ。骸骨を請ひて帰り、疽 背に発して死す。

楚、漢王を囲むこと益〻急なり。紀信曰く、「事 急なり。楚を誑《あざむ》かんことを請ふ」と。乃ち漢王の車に乗り、東門より出づ。曰く、「食 尽き、漢王 出で降る」と。楚人、皆 城東に之《ゆ》きて観る。漢王 乃ち西門より出でて去ることを得たり。項羽 紀信を焼殺す。

漢王 成皋に軍す。羽 之を囲む。王 逃れ去り、北のかた河を渡り、晨に趙の壁に入り、韓信の軍を奪ひ、信をして趙兵を収めて斉を撃たしむ。

酈食其 王に説き、滎陽を収め、敖倉の粟に拠りて、成皋の険を塞がんとす。王 之に従ふ。

酈食其 漢王の為に、斉王に説きて之を下す。蒯徹 韓信に説きて曰く、「将軍 斉を撃つ。而るに漢 独り間使を発して之を下せり。寧《むし》ろ詔有りて将軍を止めしか。酈生 軾に伏して、三寸の舌を掉《ふる》ひ、七十余城を下せり。将軍 将たること数歳、反りて一豎儒の功に如かざるか」と。

四年、信 襲ひて斉を破る。斉王 食其を烹て走る。

漢と楚と皆 広武に軍す。羽、高俎を為《つく》りて、太公を其の上に置き、漢王に告げて曰く、「急ぎ下らずんば、吾 太公を烹ん」と。王曰く、「吾と若《なんぢ》と倶に北面して懐王に事へ、約して兄弟と為る。吾が翁は即ち若が翁なり。必ず而《なんぢ》が翁を烹んと欲せば、幸に我に一杯の羹《あつもの》を分《わか》て」と。羽 王と挑戦せんと願ふ。王曰く、「吾 寧ろ智を闘はさん。力を闘はさず」と。因りて羽の十罪を数ふ。羽 大いに怒り、弩を伏せ王を射て胸を傷つく。

楚 竜且をして斉を救はしむ。竜且曰く、「韓信は与《くみ》し易きのみ。漂母に寄食して、身を資《たす》くるの策無く、辱かしめを胯下に受けて、人を兼ぬるの勇無し」と。進みて信と濰水を夾みて陣す。信 夜 人をして沙を嚢《ふくろ》にして水の上流を壅がしめ、且に渡りて且を撃ち、佯《いつは》り敗れて還り走る。且 之を追ふ。信 水を決せしむ。且の軍の大半 渡るを得ず。急に撃ちて且を殺す。信 人をして之を漢王に言はしめ、仮王と為りて以て斉を鎮せんと請ふ。漢王 大いに怒りて之を罵る。張良・陳平 足を躡《ふ》み耳に附けて語る。王悟り、復た罵りて曰く、「大丈夫、諸侯を定めば、即ち真王為《た》らんのみ。何ぞ仮を以て為さん」と。印を遣はし信を立てて斉王と為す。

項羽 竜且死すと聞きて大いに懼れ、武渉をして信に説かしめ、与《とも》に連和して天下を三分せんと欲す。信曰く、「漢王 我に上将軍の印を授け、衣を解きて我に衣《き》せ、食を推して我に食《は》ましむ。言は聴かれ、計は用ひらる。我 之に倍《そむ》くは不祥なり。

死すと雖も易へず」と。蒯徹も亦た信に説く。信　聴かず。

漢　黥布を立てて、淮南王と為す。

【現代語訳】　楚軍が漢王を滎陽《けいよう》に囲んだ。漢王は陳平《ちんぺい》に、「天下は乱れに乱れてしまった。いつになったら治まるだろうか」と言った。陳平は答えた、「楚の項王の剛毅直言の臣は、亜父《あほ》范増たち数人に過ぎません。間者《かんじゃ》（スパイ）を放って彼らの間で互いに疑いの心を起こさせたら、楚を破ることは間違いありません」と。漢王は陳平に黄金四万斤《きん》を与え、その用途を問わなかった。陳平は多数の間者を放ったので、項羽は大いに范増を疑った。そこで范増は辞任して国に帰ったが、疽《そ》（腫《は》れ物）が背にできて死んだ。

　楚軍は漢王をいよいよ厳しく囲んだ。将軍の紀信《きしん》が漢王に向かって、「事が差し迫っております。どうか楚軍をだましてやりましょう」といった。そこで漢王の車に乗って滎陽城の東門から出て、「城中の食糧が尽きたから、漢王が出て降服する」と言いふらした。楚の兵は（これを信じて）、みな東門へ行ってそれを見物した。（その間に）漢王はやっと西門から出て逃げることができた。項羽は怒って、紀信を焼き殺した。

　漢王は（危ういところを逃れて）成皋《せいこう》に陣を布いた。項羽がこれを囲んだので、王は逃げ去って北方の黄河を渡り、朝早く趙の壁《へき》に入り、そこに陣していた韓信の軍を手中に収め、韓信には趙の兵を集めて斉を攻撃させた。

　酈食其《れきいき》が漢王に説いて滎陽城を取り、敖倉《ごうそう》山の穀物によって、成皋の要所を防ぎましょうと言った。漢王はこの説に従った。酈食其は漢王のために、斉《せい》王に説いて降服させた。そのとき弁士の蒯徹《かいてつ》が韓信に説いて、「将軍が詔《みことのり》を受けて斉を討とうとされたのに、漢ではこっそり間道から使いを出してこれを降しました。これはなんと王から詔があって将軍の出陣を止められたのですか（何と人を馬鹿にした話ではありませんか）。酈生は軾《しょく》（車の横木）によりかかったまま、三寸の舌を動かし、斉の七十余城を降しました。将軍は将となって数年ですが、かえって一人の青二才儒者にも及ばないのですか」と言った。

　四年、韓信は不意討ちして斉を破った。斉王は酈食其を釜ゆでにして逃げた。

　漢と楚の軍はみな広武《こうぶ》に陣を布いた。（ある日）項羽は高い俎《まないた》を作り、（かねて擒《とりこ》にしていた漢王の父）太公《たいこう》をその上に置き、漢王に告げて、「急いで降参しなければ、わたしは太公を釜ゆでにするぞ」と言った。漢王は、「わたしとお前とは共に北に向かって臣下として懐王《かいおう》に仕え、約束して兄弟となった。わたしの父はお前の父でもある。ぜひともお前の父を煮たいというなら、どうかわたしにも一杯の肉汁を分けてくれ」と応えた。項羽は（怒って）漢王と戦いたいと言った。漢王は、「わたしはむしろ知恵比べをしたい。力比べはしない」と応えた。そして項羽の十箇条の罪を数え立てた。項羽は大いに怒り、弩《ど》を隠して漢王を射て、その胸を傷つけた。

楚（の項羽）は竜且《りゅうしょ》に斉を救わせた。竜且は、「韓信は相手にしやすい人物である。洗濯のおばさんに食わせてもらい、身の暮らしを立てる術もなく、辱めを受けて人の股をくぐり、人に立ち勝る勇気はない」と言った。進んで韓信と濰水《いすい》をはさんで対陣した。韓信は夜（ひそかに）人をやって砂を袋に入れて川の上流をせき止めさせ、翌早朝（川を）渡って竜且を撃ち、わざと敗けたふりをして逃げた。竜且はこれを追って来た。信は堰《せきとめて》いた水を切らせた。竜且の軍は大半渡ることができなかった。（そこを）急襲して竜且を殺した。韓信は人をやって勝利を漢王に伝えさせ、仮に斉王となって斉の地を鎮めたいと願った。漢王は大いに怒り罵った。張良と陳平とが王の足を踏み耳に口をつけて（許可せよと）語った。王は気づき、また罵って、「立派な男子が、諸侯を平定したならば、すぐに真の王になるだけだ。何も仮の王になることはない」と言った。（斉王の）印章を遣わして韓信を立てて斉王とした。

項羽は竜且が死んだと聞いて大いに恐れ、（弁士の）武渉《ぶしょう》に韓信を説かせて、ともに連合して（漢王と三人で）天下を三分しようと持ちかけた。韓信は、「漢王はわたしに上将軍の印綬をお授けくだされ、着物を脱いでわたしに着せ、食物を推してわたしに食べさせてくださいます。わたしの言は聴き入れられ、わたしの計は用いられます。わたしがこれに叛くのは不吉なことです。死んでも考えは変えません」と応えた。蒯徹もまた（天下三分を）韓信に説いた。（しかし）韓信は聴かなかった。

漢王は黥布《げいふ》を立てて淮南王《わいなんおう》とした。

解説・鑑賞

●滎陽の戦いと劉邦の行動力

劉邦は、項羽との戦いで負けてばかりいた。しかし、劉邦は、戦いを避けて逃げ回ってばかりいたわけではない。ときには、圧倒的な個人的武力を持つ項羽と、一対一で対峙した。広武において、戦いを挑んだ項羽に対し

て、智を闘わそうと言って、項羽の十の罪を並べたてた場面がそれである。怒った項羽は、伏せていた弩（ボーガン、石弓）により、劉邦の胸を傷つけた。堂々と戦いの正統性を述べる劉邦を卑劣に暗殺しようとする項羽、一対一の戦いで他者を圧倒しているのは、むしろ劉邦である。

また、その行動力も瞠目に値する。将軍は一度任命すれば、その率いる兵がもともと君主のものであっても、君主は将軍の任を解くまで、その兵を自由にすることはできない。そうした将軍への全権委任を象徴するものが、兵符である。成皐で項羽に敗れ、兵を失った劉邦は、軍の使者である、と偽って韓信の寝所に駆け込み、まだ寝ていた韓信の兵符を奪った。これによって、韓信の兵は劉邦の兵に戻り、劉邦は三万を韓信に残したものの、其の他を兵を強奪して、勢力を回復しているのである。君主が将軍を強襲することも、歴史に類例を見ない。人の意見に従い、有能な臣下に助けてもらっただけで、自分は何もしなかったという、後世描かれる劉邦のイメージはここにはない。

そうした印象を受けるのは、これほどの行動力を持つ劉邦に勝る功績を周囲の諸将があげているためである。滎陽の戦いには直接結びつかなかったものの、ここから始められた陳平の離間策は項羽と范増の仲を裂き、項羽の行動に方針を失わせていく。滎陽からの脱出劇では、劉邦の身代わりとなって死んでいった紀信の忠義が輝く。酈食其の弁舌は、三寸の舌により斉の七十余城を戦わずして降し、酈食其を釜茹でに追いやった蒯通（蒯徹）の「天下三分の計」は、諸葛亮に先んずるものである。

こうした綺羅星の如き配下の活躍に、劉邦の行動力は隠蔽された。その結果、人の努力にあぐらをかいて天下を棚ぼたのように手に入れた、という情けない劉邦像が形成されていくのである。

第二三回　四面楚歌

項王少助食尽。韓信又進兵撃之。羽乃与漢約、中分天下、鴻溝以西為漢、以東為楚。帰太公・呂后、解而東帰。漢王亦欲西帰。張良・陳平曰、漢有天下大半、楚兵饑疲。今釈不撃、此養虎自遺患也。王従之。

五年、王追羽至固陵。韓信・彭越期不至。張良勧王、以楚地・梁地許両人。王従之。皆引兵来。黥布亦会。羽至垓下。兵少食尽。信等乗之。羽敗入壁。囲之数重。羽

鴻溝　河南省にある川の名。

呂后　劉邦の妻。このとき、父の太公と共に項羽に捕えられていた。

垓下　地名。今の安徽省蚌埠市固鎮県。

夜聞《キ》二漢《ノ》軍四面皆楚歌《スルヲ》一、大《イニ》驚《キテ》曰《ク》、漢皆已《ニ》得《タル》レ楚《ヲ》乎。何《ゾ》楚人《ノ》多《キ》也《ト》。起《キテ》飲《ミ》二帳中《ニ》一、命《ジテ》二虞美人《ニ》一起《チテ》舞《ハシム》。悲歌慷慨《シテ》、泣数行下《ル》。其《ノ》歌《ニ》曰《ク》、力《ハ》抜《キ》レ山《ヲ》兮気《ハ》蓋《フ》レ世《ヲ》。時《ニ》不《シテ》レ利《アラ》兮騅不レ逝《カ》。騅不《レバ》レ逝《カ》兮可《キ》二奈何《ス》一。虞《ヤ》兮虞《ヤ》兮奈レ若《ヲ》何《セント》。騅《ナル》者《ハ》羽《ガ》平日所《ノ》レ乗《ル》駿馬也。左右皆泣《キ》、莫《シ》二敢《テ》仰《ギ》視《ルモノ》一。

羽乃《チ》夜《ニ》従《ヘ》二八百余騎《ヲ》一、潰《シテ》レ囲《ミヲ》南《ニ》出《デ》、渡《リ》レ淮《ヲ》、迷《ヒテ》失《ヒ》レ道《ヲ》、陥《ル》二大沢《ノ》中《ニ》一。漢追《ヒテ》及《ブ》レ之《ニ》。至《リ》二東城《ニ》一、乃《チ》有《リ》二二十八騎一。羽謂《ヒテ》二其《ノ》騎《ニ》一曰《ク》、吾起《コシテヨリ》レ兵《ヲ》八歳、七十余戦、未《ダ》《ル》二嘗《テ》敗《レ》一也。今卒《ニ》困《シム》レ此《ニ》。此天亡《ボスナリ》レ我《ヲ》。非《ズ》二戦之罪《ニ》一。今日固《ヨリ》決《ス》レ死《ヲ》。

兮　音はケイ。音調を整えるために置く助字。

騅　馬の毛色の蒼白いもの。アシゲの馬。

奈何　如何に同じ。

東城　県名。いまの安徽省東城県。

願《ハクハ》為《ニ》諸君《ノ》決戦《シ》、必《ズ》潰《シ》囲《ミヲ》斬《リ》将《ヲ》、令《メント》諸君《ヲシテ》知《ラ》之《ヲ》。皆如《クス》其《ノ》言《ノ》。於《テ》是《ニ》欲《ス》東《ノカタ》渡《ラント》烏江《ヲ》。亭長艤《シテ》船《ヲ》待《ツ》。曰《ク》、江東雖《モ》小《ナリト》、亦《タ》足《ル》以《テ》王《タルニ》。願《ハクハ》急《ギテ》度《レト》。羽曰《ク》、籍与江東《ノ》子弟八千人、渡《リテ》江《ヲ》而西《ス》。今無《シ》一人《ノ》還《ルモノ》。縦《たとヒ》江東《ノ》父兄、憐《ミテ》而王《トストモ》我《ヲ》、我何《ノ》面目《アリテ》復《タ》見《ン》。独《リ》不《ラン》愧《ヂ》於心《ニ》乎《ト》。乃《チ》刎《はネテ》而死《ス》。

楚《ノ》地悉《ク》定《マル》。独《リ》魯《ノミ》不下《ラ》。王欲《シ》屠《ラント》之《ヲ》、至《レバ》城下《ニ》、猶聞《ク》絃誦之声《ヲ》。為《ニ》其《ノ》守《ル》礼儀《ヲ》之国《ニシテ》、為《ニ》主《ノ》死《スルガ》節《ニ》、持《シテ》羽《ノ》頭《ヲ》示《ス》之《ニ》。乃《チ》降《ル》。王還《リ》、馳《セテ》入《リ》斉王《ノ》信《ノ》壁《ニ》、奪《ヒ》其《ノ》軍《ヲ》、立《テテ》信《ヲ》為《シ》楚王《ト》、彭越《ヲ》為《ス》梁王《ト》。漢王即《ク》皇帝《ノ》位《ニ》。

亭長　烏江亭の長。十里ごとに一亭を置く。亭長は、盗賊を取り締まることを掌る。

艤船　船の用意をすること。

籍　項羽の名。羽は字。

縦　縦令・仮令に同じ。

刎　自分で自分のくびをはねること。

魯　孔子の故郷で礼儀道徳を重んずる。

屠　攻め入って民をも皆殺しにすること。

為主死節　主君のために死ぬ覚悟で忠節を守ること。主はここでは項羽をさす。項羽はかつて魯公に封ぜられていた。

【書き下し】 項王 助け少く、食も尽く。韓信 又 兵を進めて之を撃つ。羽 乃ち漢と約し、天下を中分し、鴻溝以西を漢と為し、以東を楚と為さんと。太公・呂后を帰し、解きて東に帰る。漢王も亦た西に帰らんと欲す。張良・陳平曰く、「漢 天下の大半を有《たも》ち、楚の兵 饑疲す。今 釈《ゆる》して撃たずんば、此れ虎を養ひて自ら患を遺すなり」と。王 之に従ふ。

五年、王 羽を追ひて固陵に至る。韓信・彭越 期に至らず。張良 王に勧めて、楚の地・梁の地を以て両人に許さしむ。王 之に従ふ。皆 兵を引《ひき》ゐて来る。黥布も亦た会す。羽 垓下に至る。兵 少く 食 尽く。信ら之に乗ず。羽 敗れて壁に入る。之を囲むこと数重。羽 夜 漢の軍 四面 皆 楚歌するを聞き、大いに驚きて曰く、「漢 皆 已に楚を得たるか。何ぞ楚人の多きや」と。起きて帳中に飲み、虞美人に命じて起ちて舞はしむ。悲歌慷慨して、泣《なみだ》 数行 下る。其の歌に曰く、「力は山を抜き、気は世を蓋《おほ》ふ。時に利あらずして騅 逝かず。騅 逝かざれば奈何《いかん》す可き。虞や虞や若《なんぢ》を奈何せん」と。騅なる者は羽が平日 乗る所の駿馬なり。左右 皆 泣き、敢て仰ぎ視るもの莫し。

羽 乃ち夜に八百余騎を従へ、囲みを潰して南に出で、淮を渡り、迷ひて道を失ひ、大沢の中に陥る。漢 追ひて之に及ぶ。東城に至り、乃ち二十八騎有り。羽 其の騎に謂ひて曰く、「吾 兵を起こしてより八歳、七十余戦、未だ嘗て敗れざるなり。今 卒に此に困しむ。此れ天 我を亡ぼすなり。戦の罪に非ず。今日 固より死を決す。願はくは諸君の為に決戦し、必ず囲みを潰し将を斬り、諸君をして之を知らしめん」と。皆 其の言の如くす。是に於て東のかた烏江を渡らんと欲す。亭長 船を艤して待つ。曰く、「江東 小なりと雖も、亦た以て王たるに足る。願はくは急ぎて度れ」と。羽曰く、「籍 江東の子弟八千人と、江を渡りて西す。今 一人の還るもの無し。縦《たと》ひ江東の父兄、憐みて我を王とすとも、我 何の面目ありて復た見ん。独り心に愧ぢざらんや」と。乃ち刎ねて死す。

楚の地 悉く定まる。独り魯のみ下らず。王 之を屠《ほふ》らんと欲し、城下に至れば、猶ほ絃誦の声を聞く。其の礼儀を守るの国にして、主の為に節に死するが為に、羽の頭《かうべ》を持して之に示す。乃ち降る。王 還り、馳せて斉王の信の壁に入り、其の軍を奪ひ、信を立てて楚王と為し、彭越を梁王と為す。漢王 皇帝の位に即く。

【現代語訳】 項王は援軍も少なく、食糧も尽きた。韓信はまた兵を進めてこれを攻撃した。項羽はそこで漢と約し、天下を二分して、鴻溝《こうこう》以西を漢（の地）とし、以東を楚（の地）とすることにした。（漢王の父の）太公《たいこう》と（妻の）呂后を帰し、兵を解いて東に帰った。漢王もまた西に帰ろうとした。張良と陳平は、「漢は天下の大半を領有し、楚の兵は飢え疲れております。今このまま釈《ゆる》して（楚に帰らせ）撃たなければ、これは恐ろしい虎を養って自分から憂いを残すことになります。（この機を逃さず、追撃すべきです）」といった。漢王はこれに従った。

五年、漢王は項羽を追撃して固陵《こりょう》に至った。韓信と彭越《ほうえつ》は（約束した）時に来なかった。張良は王に勧めて、楚《そ》の地と梁《りょう》の地を二人に与えるようにとした。王はこれに従った。（これにより）二人とも兵を率いてやって来た。黥布《げいふ》もまたやってきた。項羽は（退却して）垓下《がいか》に着いた。兵は少なく糧食も尽きた。韓信たちはこれにつけ込んで激しく攻めた。項羽は敗れて壁《へき》（とりで）の中に立てこもった。漢軍はこれを幾重にも包囲した。項羽は、ある夜、漢軍が四方で楚国の歌をうたうのを聞いて非常に驚いて、「漢軍はもう楚の地をすっかり手に入れたのであろうか。何と楚人の多いことよ」と言った。たち上がって帳《とばり》の中で別れの酒を汲《く》みかわし、虞美人《ぐびじん》に命じて立って舞わせた。（項羽は）悲しげに歌って身の不運を嘆き、涙が幾筋か頬《ほお》を伝わった。その歌は、「わが力は山をも突き崩し、わが気は天下を蓋い尽くすほどであった。（しかし）時に利がなく、（わが愛馬の）騅《すい》も進まなくなった。騅が進まなければどうすることができよう。虞よ虞よお前をどうしたらよかろう」というものであった。騅とは項羽が常に乗っていた駿馬である。左右の臣はみな泣き、顔をあげて見る者はなかった。

項羽はそして夜に八百余騎を従え、重囲をつき破って南に逃れ、淮河《わいが》を渡ったが、道に迷って、大きな沼地の中に入り込んだ。漢軍がこれに追い着いてきた。（また逃げて）東城《とうじょう》についた時は、なんと二十八騎になっていた。項羽は騎兵たちに、「わたしが兵を起こしてから八年、七十余たび戦い、いまだかつて敗れたことはない。今とうとうここで困難に陥った。これは天がわたしを亡ぼすのである。戦に敗れた罪のためではない。今日はもちろん死を覚悟している。どうか諸君のために決戦して、必ず重囲をつき破り敵将を斬り、諸君に（戦いに敗れた罪でないことを）知らせよう」と言った。みなその言葉になった。そこで（項羽は）東方の烏江《うこう》を渡ろうとした。烏江の亭長《ていちょう》は舟出の用意をして待っていた。そして、「江東の地は小さいとはいえ、また王となるには十分です。どうか急いでお渡り下さい」と言った。項羽は、「籍《わたし》はかつて江東の子弟八千人と、長江を渡って西に向かった。今一人の生きて還る者もない。たとえ江東の父兄が、わたしを憐れんで王にしてくれても、わたしは何の面目があって顔を会わすことができよう。心の中で恥じずにおられようか」と言った。そこで自分で首をかき切って死んだ。

楚の地はすべて平定された。ただ（かつて項羽が王であった）魯だけは降服しなかった。漢王はこれを皆殺しにしようと、城下に来ると、（孔子の故郷である魯は）なお楽器に合わせて詩を歌う声が聞こえた。魯は礼儀を守る国であるから、主の項羽のために忠節を立てて死ぬ覚悟と思えたので、項羽の首を持ってきて魯人に示した。（魯は）ようやく降服した。漢王は軍を返し、馬を走らせて斉王の韓信の壁に入り、韓信の軍を奪い、信を立てて楚王とし、彭越を梁王とした。（そして）漢王は皇帝の位についた。

解説・鑑賞

●史書の文学性

四面楚歌に追い込まれた項羽は、愛する虞美人を前に歌をうたう。

力は山を抜き、気は世を蓋ふ。
時に利あらずして騅 逝かず。
騅 逝かざれば奈何す可き。
虞や虞や若を奈何せん。

『史記』に描かれた項羽と劉邦の戦いのクライマックスであるが、いつもここを読むたびに思うことは、これは誰が聞いていて、どのように伝わり、『史記』に記されたのであろう、という疑問である。

ひと昔前の研究では、司馬遷は『史記』を執筆するために取材旅行に出かけ、項羽を英雄とする劇を見て、鴻門の会や四面楚歌を描いたとされていた。しかし、出土資料に基づく現在の研究では、『史記』が文学性を帯びているのは、利用した説話そのものに物語性が見られる場合と、司馬遷が興亡の原理や、その滅亡、失脚の原因を説明しようとする編集方針などに起因する場合とがあるという。四面楚歌は前者に当たる。

そのように考えていくと、四面楚歌において、項羽が歌うのは、項羽滅亡の悲劇の物語のアリア（劇中歌）と理解できる。オペラの独唱者が、情感を込めてアリアを歌うように、司馬遷は、項羽の悲劇の叙情に、歌を利用する物語を継承したのである。

『史記』の文学性は、こうして形成されているのである。誰が聞いて、どう伝わったのか、という近代的歴史学から派生する愚問に答える必要はなく、われわれは、項羽滅亡の物語を楽しめばよいのであろう。

第二四回　天下を取りし所以

置酒《ス》洛陽《ノ》南宮《ニ》。上曰《ク》、徹侯・諸将、皆言《ヘ》。吾《ノ》所以《ハ》得《タル》天下《ヲ》者何《ゾ》、項氏《ノ》所以《ハ》失《ヒシ》天下《ヲ》者何《ゾト》。高起・王陵対《ヘテ》曰《ク》、陛下《ハ》使《ムレバ》人《ヲシテ》攻《メ》城《ヲ》掠《メ》地《ヲ》、因《リテ》而与《ヘ》之《ニ》、与天下同《ジクス》其《ノ》利《ヲ》。項羽《ハ》不然《ラ》。有《ル》功者《ハ》害《シ》之《ヲ》、賢者《ハ》疑《ヒ》之《ヲ》、戦《ヒ》勝《チテ》而不予《ヘ》人《ニ》功《ヲ》、得《テ》地《ヲ》而不《ト》与《ヘ》人《ニ》利《ヲ》。上曰《ク》、公知《リテ》其《ノ》一《ヲ》、未《ダ》知《ラ》其《ノ》二《ヲ》。夫《レ》運《ラシ》籌《はかりごとヲ》帷幄之中《ニ》、決《スルハ》勝《ツコトヲ》千里之外《ニ》、吾不如《カ》子房《ニ》。塡《しづメ》国家《ヲ》、撫《シ》百姓《ヲ》、給《シ》餽餉《ヲ》、不《ルハ》絶《タ》糧道《ヲ》、吾不如《カ》蕭何《ニ》。連《ネ》百万之衆《ヲ》、戦《ヘバ》必《ズ》勝《チ》、攻《ムレバ》必《ズ》取《ルハ》、吾

洛陽　地名。いまの河南省洛陽市。
置酒　酒宴を開くこと。
上　ここでは漢王すなわち高祖のこと。
徹侯　徹は列に同じ。並びいる諸侯。
王陵　沛県の人。劉邦は、王陵に兄事していたことがあった。
帷幄　四方に引き廻す幕。その中で作戦計画をした。
子房　張良の字。
餽餉　ここでは兵糧のこと。

不如韓信。此三人者、皆人傑也。吾能用之。此吾所以取天下。項羽有一范増、而不能用。此其所以為我禽也。群臣悦服。

【書き下し】　洛陽の南宮に置酒す。上曰く、「徹侯・諸将、皆 言へ。吾の天下を得たる所以は何ぞ、項氏の天下を失ひし所以は何ぞ」と。高起・王陵対へて曰く、「陛下は人をして城を攻め地を掠《かす》めしむれば、因りて之に与へ、天下と其の利を同じくす。項羽は然らず。功有る者は之を害し、賢者は之を疑ひ、戦ひ勝ちて人に功を予《あた》へず、地を得て人に利を与へず」と。上曰く、「公 其の一を知りて、未だ其の二を知らず。夫れ 籌《はかりごと》を帷幄の中に運らし、勝つことを千里の外に決するは、吾 子房に如かず。国家を塡《しず》め、百姓を撫し、餽餉を給し、粮道を絶たざるは、吾 蕭何に如かず。百万の衆を連ね、戦へば必ず勝ち、攻むれば必ず取るは、吾 韓信に如かず。此の三人は、皆 人傑なり。吾 能く之を用ふ。此れ吾が天下を取りし所以なり。項羽は一の范増有れども、用ふる能はず。此れ其の我が禽と為る所以なり」と。群臣 悦服す。

【現代語訳】　（項羽を破った劉邦は）洛陽《らくよう》の南宮で宴会を開いた。高皇帝《こうこうてい》（劉邦、廟号は高祖）は、「諸侯・諸将たちよ、みな言ってみよ。予が天下を得た理由は何か、項羽が天下を失った理由は何か」と尋ねた。高起《こうき》と王陵《おうりょう》は応えて、「陛下は人に城を攻め土地を取らせれば、（功に）よってこれを与え、天下の人と利益を共有されました。項羽はそうではありません。功ある者はこれを殺し、賢者はこれを疑い、戦いに勝っても人に功を与えず、土地を得ても人に利を与えませんでした」と言った。高皇帝は、「貴公たちはその理由の一を知るだけで、まだ二を知らない。そもそも作戦を陣幕の中でめぐらし、千里も遠方の勝利を決定することは、予は張子房《ちょうしぼう》に及ばない。国家を安らかに治め、人々を慰撫し、兵糧を供給し、糧道を絶やさぬことは、蕭何《しょうか》に及ばない。百万の大軍を率い、戦えば必ず勝ち、攻めれば必ず取ることは、韓信《かんしん》には及ばない。この三人は、みな人傑である。予はこの三人をよく使いこなした。これが予の天下を取れた理由である。項羽はたった一人の范増がいただけで、(しかも、それさえ)使いこなせなかった。これが(項羽が)我に敗れた理由である」と言った。群臣はみな悦んで(高皇帝の説に)服した。

解説・鑑賞

●漢の三傑

劉邦が項羽を破った理由として、名を挙げる張良(張子房)・蕭何・韓信は、漢の三傑と呼ばれ、以後、たとえば、蜀漢の劉備に仕えた忠臣のうち、とくにその功績が大きかった三人、諸葛亮・関羽・張飛を「蜀の三傑」、南宋滅亡時に国に殉じた張世傑・文天祥・陸秀夫を「亡宋の三傑」と呼ぶように、歴史上のある事柄や、同じ主君に仕えた臣下などのうち、とくに功績が大きかった者を三人選んで言う表現の先駆となった。こうした表現は、徳川家康の功臣のうち、本多忠勝・榊原康政・井伊直政を「徳川三傑」と呼ぶように、日本でも好んで使われている。

そうした後世の使い方と、「漢の三傑」とが異なる点は、「漢の三傑」の役割分担がしっかりしているところである。すなわち、戦略を担当する張良、行政と後方支援を担当する蕭何、戦闘指揮を担当する韓信である。戦争という行為は、単なる戦いではなく、戦略・行政と後方支援・戦闘指揮のすべてがうまくいって初めて大きな成功がもたらされる。劉邦は、異なる三人の才能を見事に引き出した君主と言えよう。

第二五回　黄石君

留侯《ノ》張良、謝《シ》レ病《ト》辟《ケテ》レ穀《ヲ》曰《ク》、家世《ゝ》相《トナル》レ韓《ニ》。韓滅《ビテ》為《ニ》レ韓《ノ》報《ズ》レ讐《ヲ》。今以《テ》二三寸《ノ》舌《ヲ》一為《リ》二帝者《ノ》師《ト》一、封《ゼラル》二万戸侯《ニ》一。此《レ》布衣之極《ナリ》。願《ハクハ》棄《テ》二人《じん》間《かんノ》事《ヲ》一、従《ヒテ》二赤松子《ニ》一遊《バン》耳《ト》。良少《キ》時、於《テ》二下邳《ノ》圯上《ニ》一、遇《フ》二老人《ニ》一。堕《シ》二履《ヲ》圯下《ニ》一、謂《ヒテ》レ良《ニ》曰《ク》、孺子下《リテ》取《レト》レ履《ヲ》。良欲《ス》レ殴《タント》レ之《ヲ》。憫《ミ》二其《ノ》老《ヒタルヲ》一、乃《チ》下《リテ》取《ル》レ履《ヲ》。老人以《テ》レ足《ヲ》受《ケテ》レ之《ヲ》曰《ク》、孺子可《シ》レ教《フ》。後五日、与レ我期《セント》二於此《ニ》一。良如《ク》レ期《ノ》往《ク》。老人已《ニ》先《ヅ》在《リ》。怒《リテ》曰《ク》、与二長者一期《シテ》後《ルルハ》何《ゾ》也《ト》。復《タ》約《ス》二五日《ヲ》一。及《ビテ》レ往《クニ》、老人又先《ヅ》在《リ》。怒《リテ》復《タ》約《ス》二五

留侯　留は江蘇省の地名。張良が封建された場所。
謝病　病と称して俗事を謝絶すること。
辟穀　辟は避に通じ、さけるの意。仙人になる修行をして穀物を食わないこと。
赤松子　上古の仙人の名。
下邳　地名。いまの江蘇省邳州市。
圯《い》　楚では橋のこと。
殴《う》　打つこと。

日。良半夜往。老人至。乃喜、授以一編書。曰、読此可為帝者師。異日見済北穀城山下黄石、即我也。旦視之、乃太公兵法。良異之、昼夜習読。既佐上定天下。封功臣、使良自択斉三万戸。良曰、臣始与陛下遇於留。此天以臣授陛下。封留足矣。後経穀城、果得黄石焉。奉祠之。

済北　地名。いまの山東省盧県。

穀城山　山東省の山の名。

太公兵法　太公望の兵法の書。太公望は周の文王・武王の軍師であった呂尚のこと。

奉祠　神としてあがめまつること。

【書き下し】　留侯の張良、病と謝し穀を辟けて曰く、「家 世〻韓に相となる。韓 滅びて韓の為に讐を報ず。今 三寸の舌を以て、帝者の師と為り、万戸侯に封ぜらる。此れ布衣の極なり。願はくは人間《じんかん》の事を棄て、赤松子に従ひて遊ばんのみ」と。良 少き時、下邳の圯上《いじょう》に於て、老人に遇ふ。履を圯下に堕し、良に謂ひて曰く、「孺子 下りて履を取れ」と。良 之を殴《う》たんと欲す。其の老ひたるを憫み、乃ち下りて履を取る。老人 足を以て之を受けて曰く、「孺子 教ふ可し。後五日、我と此に期せん」と。良 期の如く往く。老人 已に先づ在り。怒りて曰く、「長者と期して後るるは何ぞや」と。復た五日を約す。往くに及びて、老人 又 先づ在り。怒りて復た五日を約す。良 半夜に往く。老人 至る。乃ち喜び、授くるに一編の書を以てす。曰く、「此を読まば帝者の師と為る可し。異日 済北の穀城山下の黄石を見なば、即ち我なり」と。旦《あした》に之を視れば、乃ち太公の兵法なり。良 之を異とし、昼夜 習読す。既にして上を佐けて天下を定む。功臣を封ずるに、良をして自ら斉の三万戸を択ばしむ。良曰く、「臣 始め陛下と留に遇ふ。此れ天 臣を以て陛下に授くるなり。留に封ぜらるれば足れり」と。後 穀城を経しに、果たして黄石を得たり。之を奉祠す。

【現代語訳】 留侯《りゅうこう》の張良は、病と称して（官を辞し）穀食をやめ（神仙の術を修め）、「わが家は代々韓で大臣となった。韓が（秦のため）滅びたので（自分は漢の高皇帝に仕えて秦を滅ぼし）韓のために復讐を果たした。いま舌先三寸で、帝王の師となり、一万戸の地に封ぜられている。これは平民として出世の極みである。どうかもう世間の事は捨て、仙人に従って悠々と過ごしたい」と言った。張良は若いころ、下邳《かひ》の橋の上で、老人と出会った。（老人は）履を橋の下に落として、張良に、「若造、下へ行って履を取って来い」と言った。（あまりの無礼に）張良は老人を殴ろうと思った。（しかし）年寄りであるのを不憫に思い、なんと下に行って履を拾って来た。老人はそれを足で受けて、「若造（おまえには）教えてやることができる。五日後、わたしとここで会おう」と言った。張良が約束通りに行くと、老人はすでに来ていた。怒って、「長者と約束して遅れるとは何事か」と言った。さらに五日後と約束した。

（五日後に張良が）往くと、老人はまた先に来ていた。怒ってまた五日後と約束した。張良は真夜中に出かけた。老人が来た。そして喜んで、一冊の書物を授けた。「これを読めば帝王の師となることができよう。後日 済北の穀城山の下で黄色の石を見つけたら、それはわたしである」と言った。朝になって本を見ると、なんと太公望の兵法書であった。張良はこれを不思議に思い、昼夜の別なく読み習った。やがて張良は高皇帝を助けて天下を平定した。功臣を封建する際、（劉邦は）張良に自分で斉国の三万戸（の土地）を選ばせた。張良は、「わたしは初めて陛下と留でお目にかかりました。これは天がわたしを陛下に授けたものです。留の地に封建されれば十分でございます」と言った。他日（張良が）穀城を通ると、果たして黄色の石を見つけた。（張良は）これをお祀りした。

解説・鑑賞

●黄老思想

中国を初めて統一した秦が、法家思想を尊重したことに対して、前漢は、黄老《こうろう》思想を尊重した。黄老《こうろう》とは、黄《こう》帝《てい》と老子《ろうし》のことである。

道家《どうか》の開祖とされる老子《ろうし》は、記録された生没年や生涯には信憑性がない。『史記』老子列伝は、老子を姓は李《り》、名は耳《じ》といい、周《しゅう》の王室図書館の役人であり、孔子に礼を問われたこともあったが、周の衰運を見定め西方へ旅立った、という老子伝説を記録する。春秋《しゅんじゅう》時代の末期に生きた孔子の先輩とするのである。ところが、その著述と伝えられる『老子《ろうし》』は、その語彙語法や思想内容のばらつきにより、一人の作とは考えられない。近年、長沙馬王堆《ちょうさまおうたい》や荊門郭店《けいもんかくてん》から出土した『老子』の分析によれば、現行本の『老子』の成立時期は、漢代まで下ると考えられる。

『老子』の根本概念は「道《みち》」である。道は、万物を生み、育み、そして消し去りながら、道そのものは生滅を超えて存在する、という宇宙天地の理法《りほう》である。道に従って生きるためには、人為を去って「無為自然《むいしぜん》」に生きなければならない。こうした哲学的な道を説く一方で、『老子』は、現実世界で成功者となるために、他人と争わない、外界にあるがままに順応していく処世術や、人為的な制度によらず、人々に支配を意識させない政治などを説く。この二面性に、『老子』の思想の哲学性と現実性を見ることができる。韓非子《かんぴし》が論の立脚点とし、漢初の黄老《こうろう》思想家が重視したものは、後者の現実世界へのあるがままの順応術であった。

一方、黄帝《こうてい》は中国人の祖とされる伝説上の帝王であり、黄老《こうろう》思想家はその言葉を借りて、自分たちの考えを述べていたという。しかし、秦律《しんりつ》や漢律《かんりつ》と同様、黄老思想家の著作は滅んだため、その内容はよく分からなかった。ところが、一九七三年に長沙馬王堆《ちょうさまおうたい》から出土した帛書《はくしょ》（絹に書かれた文書）には、『老子《ろうし》』の二種類のテキストに加え、黄帝の名のもとに思想を語る「黄帝四経《こうていしけい》」と総称される四篇の書籍が記されており、前漢初期に盛んであった黄老思想の内容が明らかとなった。「黄帝四経」は、これを法家《ほうか》の著作と位置づける研究もあるほど、法律を重視する。ただし、法の権威の源を道に求め、法を自然法的に考えて実定法としないことや、道には実体がなく無形であるが、万物が発生する源であるといった道家の思想が含まれることに注目すると、法家の著作とすることは難しい。

　つまり、法家による法の重視を継承しながら、他方で、他者とは争わない、ありのままの現実を受け入れようとする思想、それが黄老思想であった。

蕭何を継いで丞相《じょうしょう》となった曹参《そうしん》、それを継いで丞相となった陳平《ちんぺい》、そして陳平の仕えた文帝《ぶんてい》（劉邦の子、在位、前一八〇～一五七年）のいずれもが尊重した黄老《こうろう》思想であった。

　こうした中で、漢の建国に戦略を建てた張良の学問が、黄石公から授けられたとの伝説は生まれたのである。

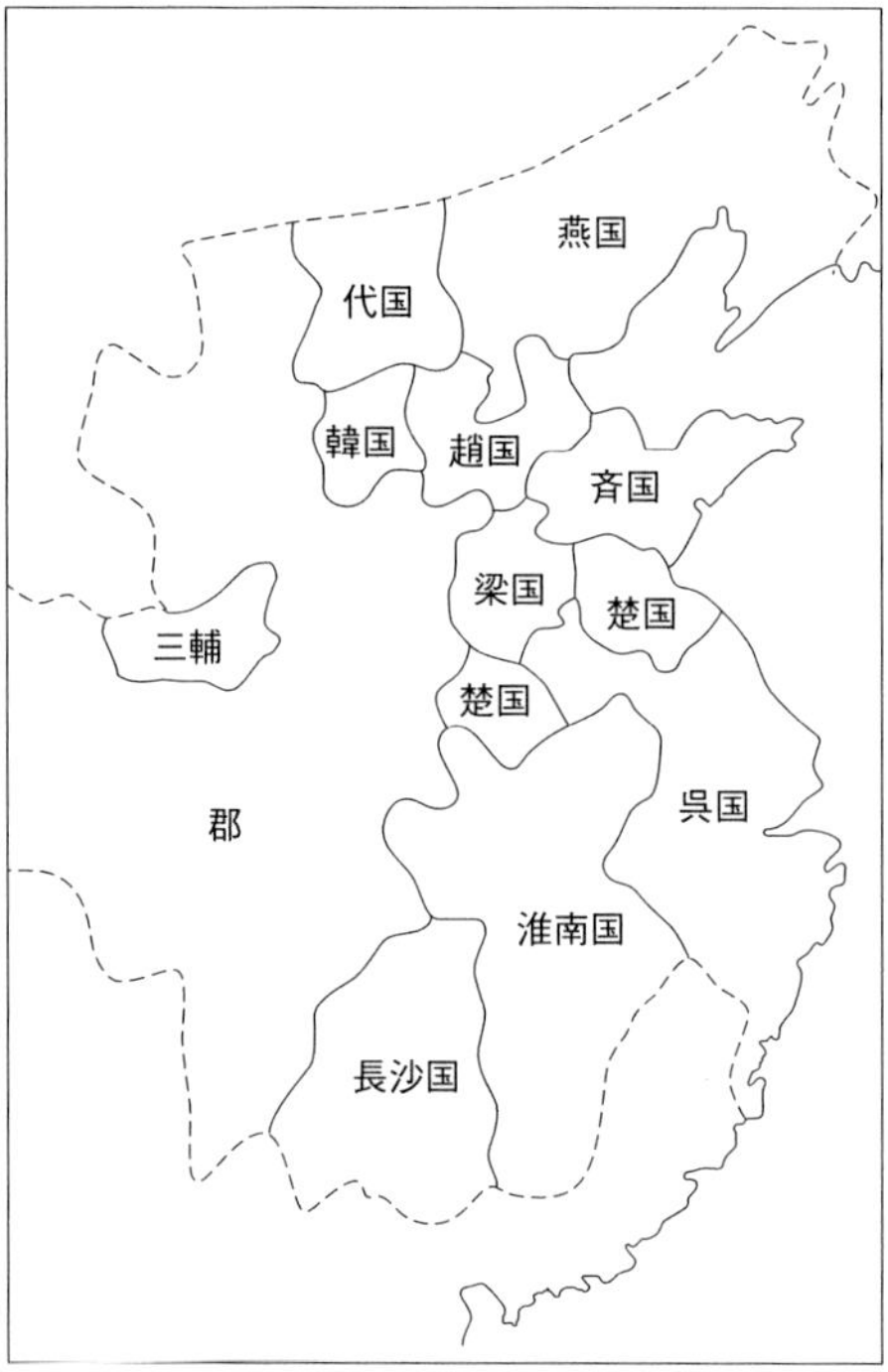

劉邦時の郡国

漢が直接支配する地域は、三輔と郡だけで、天下の三分の一に過ぎなかった。

第二六回　多々益々弁ず

六年、人有《リ》三上書《シテ》告《グルモノ》二楚王《ノ》韓信反《スト》一。諸将曰《ク》、発《シテ》レ兵《ヲ》坑《ニセン》二孺子《ヲ》一耳《ト》。上問《フ》二陳平《ニ》一。平危《ブミテ》レ之《ヲ》曰《ク》、古《ニ》有《リ》三巡守《シテ》会《スルコト》二諸侯《ヲ》一。陛下第《ただ》出《デ》偽《リテ》遊《ビ》二雲夢《ニ》一、会《シ》二諸侯《ヲ》於陳《ニ》一、因《リテ》禽《ニセバ》レ之《ヲ》、一力士之事耳《ト》。上従《ヒ》レ之《ニ》、告《グ》二諸侯《ニ》一。会《セヨ》レ陳《ニ》、吾将《ニ》《ト》レ遊《バント》二雲夢《ニ》一。至《リ》レ陳《ニ》、信上謁《ス》。命《ジテ》二武士《ニ》一縛《セシメ》レ信《ヲ》、載《ス》二後車《ニ》一。信曰《ク》、果《タシテ》若《シ》二人《ノ》言《ノ》一。狡兎死《シテ》走狗烹《ラレ》、飛鳥尽《キテ》良弓蔵《サレ》、敵国破《レテ》謀臣亡《ブト》。天下已《ニ》定《マル》。臣固《ヨリ》当《ニ》《シト》レ烹《ラル》。遂《ニ》械繋《シテ》以《テ》帰《ル》。赦《シテ》為《ス》二淮陰侯《ト》一。

上嘗《テ》従容《トシテ》問《フ》二信《ニ》諸将《ノ》能《ク》将《タルノ》レ兵《ニ》

楚王　韓信は、軍功により、楚国に封建されていた。

巡守　天子が諸侯の領地を視察すること。

第　「ただ」と読み、発語の意。

雲夢　今の湖北省にある沢の名。

多少ヲ一。上曰ク、如キハレ我ノ能ク将タランカト二幾何ニ一。信曰ク、陛下ハ不レトレ過ギ将タルニ二十万ニ一。上曰ク、於テハレ君ニ何如ト。曰ク、臣ハ多多益ゝ辦スト。上笑ヒテ曰ク、多多益辦ゼバ、何ヲ以テ為レルト二我ガ禽ト一。曰ク、陛下ハ不レドモレ能ハレ将タルニレ兵ニ、而モ善ク将タリレ将ニ。此レ信ガ所三以為リシ二陛下ノ禽ト一。且ツ陛下ハ所謂天授ニシテ、非ザル二人力ニ一也ト。

【書き下し】 六年、人 上書して楚王の韓信 反すと告ぐるもの有り。諸将曰く、「兵を発して孺子を坑《あなうめ》にせんのみ」と。上 陳平に問ふ。平 之を危ぶみて曰く、「古《いにしへ》に巡守して諸侯を会すること有り。陛下、第《た》だ出で偽りて雲夢に遊び、諸侯を陳に会し、因りて之を禽にせば、一力士の事のみ」と。上 之に従ひ、諸侯に告ぐ、「陳に会せよ、吾 将に雲夢に遊ばんとす」と。上 陳に至り、信 上謁す。武士に命じて信を縛せしめ、後車に載す。信曰く、「果たして人の言の若し。狡兎 死して走狗烹られ、飛鳥 尽きて良弓 蔵され、敵国 破れて謀臣 亡ぶと。天下 已に定まる。臣 固《もと》より当に烹らるべし」と。遂に械繫して以て帰る。赦して淮陰侯と為す。

上 嘗て従容として信に諸将の能く兵に将たるの多少を問ふ。上曰く、「我の如きは能く幾何《いくばく》に将たらんか」と。信曰く、「陛下は十万に将たるに過ぎず」と。上曰く、「君に於ては何如《いかん》」と。曰く、「臣は多多益ゝ辦す」と。上 笑ひて曰く、「多多益ゝ辦ぜば、何を以て我が禽と為れる」と。曰く、「陛下は兵に将たる能はざれども、而も善く将に将たり。此れ信が陛下の禽と為りし所以なり。且つ陛下は所謂天授にして、人力に非ざるなり」と。

【現代語訳】　六年、ある人が（高皇帝に）書を奉って楚王の韓信が謀反したと告げた。諸将は「兵を出して小僧を穴埋めにするだけだ」といきまいた。高皇帝は陳平に（どうしたものかと）尋ねた。陳平は（諸将を）危ぶみ、「むかし（天子は）巡視して諸侯を集めることがありました。陛下はただ（宮を）出て雲夢沢《うんぼうたく》に遊び、諸侯を陳に集めれば（韓信も来るでしょうから）、それにより韓信を生け捕りにするには、一力士の仕事ですみましょう」と言った。高皇帝はこれに従い、諸侯に、「陳に集まれ。わたしは雲夢沢に出遊しよう」と告げた。（高皇帝は）陳に到着し、韓信が拝謁した。（高皇帝は）武士に命じて韓信を縛らせ、副車に載せた。韓信は、「はたして人の言った通りである。わるがしこい兎が捕り殺されるとそれを追う狗《いぬ》は（もう用がないから）烹て食われ、空飛ぶ鳥が射尽くされると、良い弓は（もう要らぬから）庫の中にしまわれる。（それと同じように）敵国が亡びると計りごとをめぐらす臣下は殺されてしまうと。（天下はすでに平定されたのだから）臣《わたし》が烹殺されるのは当然である」と言った。かくて（高皇帝は）韓信に手かせ足かせをかけて連れ帰った。（そののち）罪を赦して淮陰侯《わいいんこう》に封建した。

　高皇帝はかつて寛《くつろ》いで韓信に諸将がそれぞれどれくらいの兵に将となれるかを尋ねた。高皇帝は、「わたしはどれくらいの兵に将となれるか」と尋ねた。韓信は、「陛下は十万人の将にしかなれません」と言った。高皇帝が、「お前はどうか」と尋ねた。韓信は、「多ければ多いほどますますうまくやれます」と答えた。高皇帝は笑って、「多ければ多いほどよいのであれば、どうしてわたしの禽《とりこ》となったのか」と尋ねた。（韓信は）「陛下は兵の将となるには不向きですが、将の将となる器量を備えておられます。これがわたしが陛下の禽とされた理由です。かつ陛下は世にいう天から授けられ（て人君となっ）たお方で、人間の力ではありません」と答えた。

解説・鑑賞

●天授の思想

秦の始皇帝の用いた皇帝という称号は、上帝そのものであり、天との関わりを持たない。自らに匹敵する存在を許さなかった始皇帝には、皇后もいない。

　これに対して、劉邦が始めた漢より後の中国では、始皇帝より継承した皇帝という称号は、儒教を起源とする天子という称号と結合することにより、君主は皇帝《こうてい》と天《てん》子《し》という二つの称号を持つことになった。その際、皇帝は、祖先を祭祀するときの君主の自称であり、天子は、天地を祭るときの君主の自称となる。中国の君主は、中国を実力で支配する皇帝の持つ権力と、天命を受けた聖なる天子の支配という権威との両面に、その支配の正統性を置き、それぞれに応じた二つの称号を使い分けていたのである。韓信が劉邦に言った「天授」という言葉は、天命を受けた聖なる天子が劉邦から始まったことを示すため、後世より付け加えられた可能性もある。

儒教が尊重する周という国家を起源とする天子号は、君主が天からの命（天命）により中国を支配していることを示すための称号で、対外関係のほか、天地の祭祀に用いられた。天は異民族にも共通するため、天子という称号を使えば、匈奴《きょうど》の単于《ぜんう》（天に支配を認められた君主）とも敵国（匹敵する国、対等な国）として外交関係を結ぶことができる。また、天子が天に臣従することにより、君臣関係の積み重ねで構築される国家の秩序構造が完結し、すべての君臣関係が天によって正統化される。

国家の創始者個人（漢では劉邦）に降った天命の続く限り、天子の位は同一国家内において子へと継承される。ただし、それには天の承認が必要となる。そこで、後継者となった皇帝は、即位を臣下として天に報告することにより、天の承認を受けた天子となる、と考えることで、儒者は、本来儒教とは無関係であった皇帝の称号と天子の称号とを結びつけたのであった。

司馬遷が『史記』を著した前漢の武帝期には、こうした儒教の経義を背景としながら、天人相関説を唱える董《とう》仲舒《ちゅうじょ》が現れる。天人相関説とは、人の身体に大きな関節が十二、小さな関節が三百六十六ヵ所あるのは、一年の月数と日数に対応し、五臓《ごぞう》（肝・心・脾・肺・腎）が五行《ごぎょう》（土・木・金・火・水）に、四肢《しし》（両手両足）が四時《しいじ》（春夏秋冬）に対応する。また、人が目覚めて眠ることは、昼と夜に等しい。つまり、人の身体は天の全体を備えた小宇宙であり、それゆえ人は天と不可分の関係にある。したがって、人の頂点に君臨する天子が善政を行えば、天は瑞祥《ずいしょう》を降してそれを褒め、天子が無道であると、天は地震や日食や洪水などの災異《さいい》を降してこれを譴責《けんせき》する（いましめる）、とするものである。

ただし、天は、すべての人に感応するわけではない。天は、天命を降して統治を委ねた天子の行為に感応して瑞祥と災異を降すことにより、天子を造り出した責任を果たす。こうして天は、有徳者に天命を降すだけでなく、天子を支える一方で、その悪政を非難する人格神とされたのである。すなわち、劉邦は、人格神である天から、天命を受け、将に将たる資質を「天授」されているのである。

　司馬遷は、董仲舒から儒教を学んでいる。その学説が『史記』に反映されていてもおかしくはないのである。

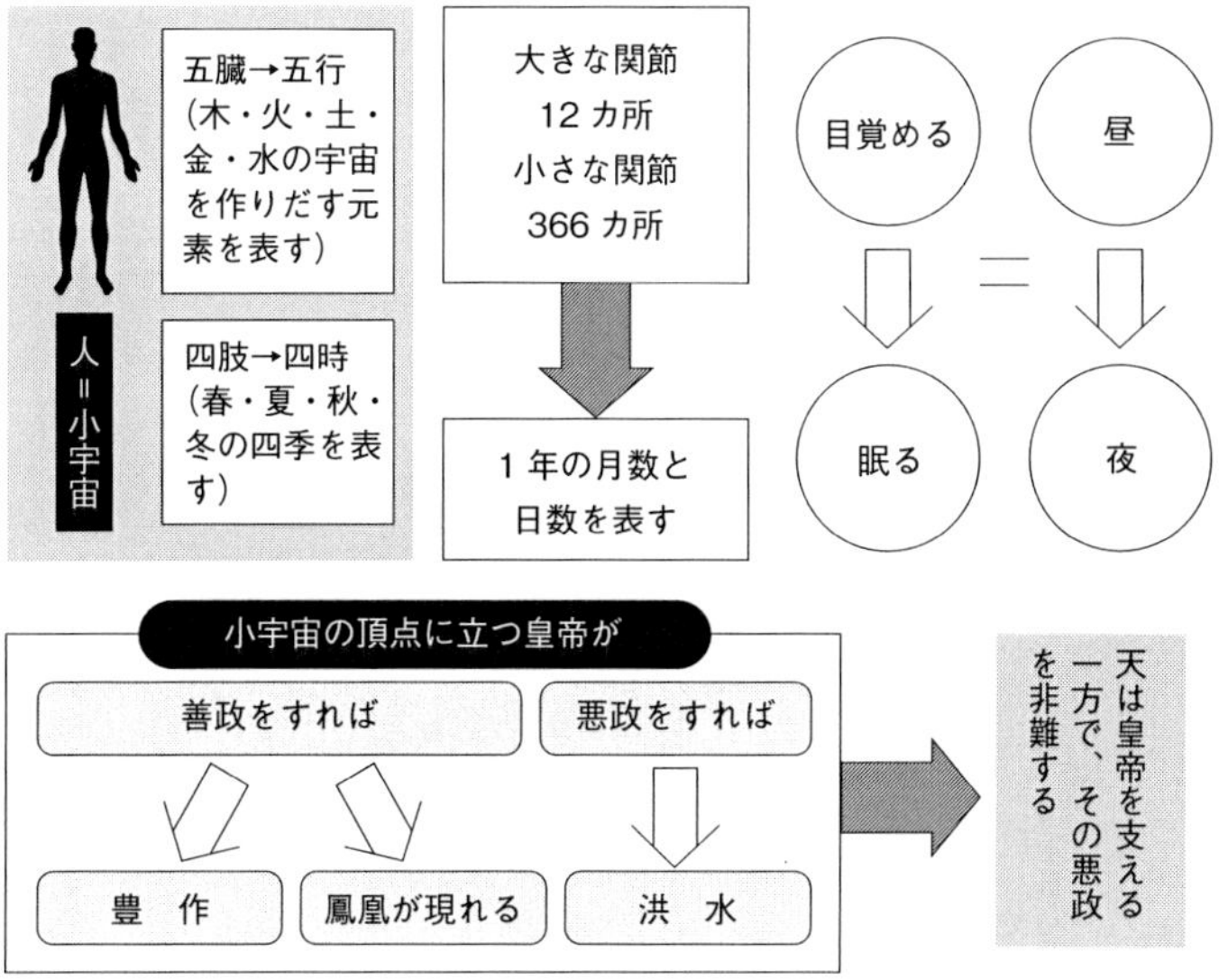

天人相関説の考え方

第一七回　功は人なり

高皇帝剖《キ》レ符《ヲ》封《ズ》二功臣《ヲ》一。酇侯《ノ》蕭何、食邑独《リ》多《シ》。功臣皆曰《ク》、臣等被《リ》レ堅《ヲ》執《リ》レ鋭《ヲ》、多《キ》者《ハ》百余戦、少《キ》者《ハ》数十合《タリ》。蕭何《ハ》未《ダ》三嘗《テ》有《ラ》二汗馬之労一、徒《ダ》持《シテ》二文墨《ヲ》一議論《シ》、顧《か》反《ヘリテ》居《ルハ》二臣等《ノ》上《ニ》一何《ゾ》也《ト》。上曰《ク》、諸君知《レル》レ猟《ヲ》乎。逐二｜殺《スル》獣《ヲ》一者《ハ》狗也。発縦《シテ》指示《スル》者《ハ》人也。諸君《ハ》徒《ダ》能《ク》得《タル》二走獣《ヲ》一耳。功《ハ》狗也。至《リテハ》レ如《キニ》二蕭何《ノ》一、功《ハ》人也《ト》。群臣皆莫《シ》二敢《テ》言《フモノ》一。

上已《ニ》封《ズ》二大功臣《ヲ》一。余《ハ》争《ヒテ》レ功《ヲ》不レ決《セ》。上従《リ》二複道《ノ》上一望《ミ》見《ルニ》、諸将往往《ニ》坐《シテ》二沙中《ニ》一、相与《ニ》語《ル》。上問《フ》二張良《ニ》一。良曰《ク》、陛

剖符　符はワリフ。剖は二つに割ること。竹片を二つに割って、一つは手許に置き、一つは渡して、まさかのときは継ぎ合わせて証拠とする。

酇侯　酇は、いまの湖北省の地名。

汗馬之労　戦場において馬に一汗かかすほどの骨折。実戦の功労。

顧反　二字とも「かへリテ」であるが、ここは二字で、「かへリテ」とよむ。

発縦　犬をつないだ綱を解き放つこと。

複道　皇帝だけが通ることができる宮中の道。

往往　処々と同じ。

下以此属取天下。今所封皆故人・親愛、所誅皆平生仇怨。此属畏不能尽封、又恐見疑平生過失及誅。故相聚謀反耳。上曰、奈何。良曰、陛下平生所憎、群臣所共知、誰最甚者。上曰、雍歯。良曰、急先封歯。於是封歯為什方侯。而急趣丞相・御史、定功行封。群臣皆喜曰、雍歯且侯、吾属無患矣。詔定元功十八人位次、賜丞相何、剣履上殿、入朝不趨。

雍歯

御史 百官の罪をただすことを司る長官。検察長官。

元功 元は首であり、大である。はじめとすべき大功をいう。

剣履上殿 朝見には剣を持たないが、剣を帯びたままでよいとする殊礼。

入朝不趨 朝見には小走りする規定であるが、その儀には及ばないという殊礼。

【書き下し】 高皇帝 符を剖《さ》き功臣を封ず。酇侯の蕭何、食邑 独り多し。功臣 皆 曰く、「臣ら 堅を被り鋭を執り、多き者は百余戦、少き者は数十合たり。蕭何は未だ嘗て汗馬の労有らず、徒《た》だ文墨を持して議論し、顧反《かへ》りて臣らの上に居るは何ぞや」と。上曰く、「諸君 猟を知れるか。獣を逐殺する者は狗《いぬ》なり。発縦して指示する者は人なり。諸君は徒だ能く走獣を得たるのみ。功は狗なり。蕭何の如きに至りては、功は人なり」と。群臣、皆 敢て言ふもの莫し。

上　已に大功臣を封ず。余は功を争ひて決せず。上　複道の上より望み見るに、諸将　往往に沙中に坐して、相　与に語る。上　張良に問ふ。良曰く、「陛下　此の属を以て天下を取る。今　封ずる所は、皆　故人・親愛にして、誅する所は、皆　平生の仇怨なり。此の属　尽くは封ぜらるる能はざるを畏れ、又　平生の過失を疑はれて誅に及ばんことを恐る。故に相　聚まりて反を謀るのみ」と。上曰く、「奈何せん」と。良曰く、「陛下　平生　憎む所にして、群臣の共に知る所は、誰か最も甚だしき者ぞ」と。上曰く、「雍歯なり」と。良曰く、「急ぎ先づ歯を封ぜよ」と。是に於て歯を封じて什方侯と為す。而して急ぎ丞相・御史を趣して、功を定め封を行ふ。群臣　皆　喜びて曰く、「雍歯すら且つ侯たり、吾が属　患ひ無けん」と。詔して元功十八人の位次を定め、丞相の何に賜ひ、剣履して殿に上り、入朝して趨《はし》らざらしむ。

【現代語訳】

高皇帝は割符を分かち授けて功臣を封建した。酇侯《さんこう》の蕭何は、領地が一人だけ多かった。功臣はみな、「臣《わたし》たちは堅（い鎧）をつけ鋭（い矛や刀）を執って、多い者は百余回、少ない者でも数十回も戦をしています。（ところが）蕭何はまだ一度も実戦の功労はなく、ただ帳面を持って議論しているだけでしたのに、かえって臣たちの上にいるのは、どういうわけでございますか」と言った。高皇帝は、「諸君は猟を知っているか。獣を追いかけて噛み殺すのは犬である。（犬の綱を）解いて指図して追いかけさせるのは人間である。諸君はただ逃げてゆく獣を捕らえただけである。その功は犬の功である。蕭何のような者は、（諸君を指図したのであるから）その功は人間の功である」と。これには群臣は皆一言もいうものがなかった。

高皇帝はすでに大功臣を封建した。その他は功績を争って定まらなかった（ので封建を行なわずにいた）。高皇帝が複道《ふくどう》の上から見おろすと、諸将があちらこちらに砂の上に坐って、（何かこそこそ）話し合っている。（そこで）張良に尋ねた。張良は、「陛下はこの連中の力により天下を取られました。いま封建した者は、みな（陛下の）昔なじみか親しみ愛された者ばかりで、誅殺された者は、みな陛下が平素憎み怨んでおられた者ばかりです。この連中はすべての者が封建されないことを心配し、一方で平素の過失を疑われて誅殺されることを恐れているのです。このためあのように寄り集まって（いっそのこと）謀反を起こそうかと話しているのです」と答えた。高皇帝は、「どうしたらよかろう」と尋ねた。張良は、「陛下が平生憎んでおられる者で、群臣が皆それをよく知っている者は、だれが一番でしょうか」と尋ねた。高皇帝は「それは雍歯《ようし》である」と答えた。張良は、「急いでまず雍歯を封建されますように」と答えた。そこで高皇帝は雍歯を封じて什方侯《じゅうほうこう》とした。そして急いで丞相《じょうしょう》と御史《ぎょし》をせき立て、功を定め封建を行った。群臣はみな喜んで、「雍歯でさえも諸侯になった、われわれは憂うることはない」と言った。詔して大功のあるもの十八人の席次を定め、丞相の蕭何には、剣をつけて殿上に昇り、朝見の際に小走りしない殊礼を賜った。

解説・鑑賞

●蕭何の故事

劉邦が蕭何に与えた「入朝不趨」（朝見の際に小走りしない）、「剣履上殿」（剣を帯びたまま朝見できる）という殊礼は、後世「蕭何の故事」（故事は先例）と呼ばれ、漢にとって特別な功績を挙げた臣下に与えられた。

前漢第八代昭帝のもと、霍光《かっこう》は大司馬となって政権を掌握し、「蕭何の故事」を賜与された。昭帝が崩御すると、霍光は昌邑《しょうゆう》王の劉賀を帝位につける。しかし、行いが皇帝に相応しくないとしてわずか二十七日間で廃し、代わりに武帝の曾孫の宣帝を帝位につけた。霍光が、皇帝の廃立を行い得るほどの権力を行使できた理由の一つは、「蕭何の故事」を賜与されていることにあった。「蕭何の故事」は、それほどまでの力を持つ、危険な殊礼であった。

やがて、前漢を滅ぼす王莽は、「蕭何の故事」を得、さらにそれを上回る「周公の故事」を得た。周公が生きながら周の国号を冠して周公と呼ばれた故事に基づき、安漢公を賜与されたのである。さらに、王莽は、九錫《きゅうせき》という殊礼を受ける。九錫とは、(1)車馬（大輅《だいろ》・戎輅《じゅうろ》各一台）(2)衣服（王者の衣服と赤い靴）(3)楽則（王者の楽器）(4)朱戸（朱塗りの戸）(5)納陛《のうへい》（外から見えない階段）(6)虎賁《こほん》（近衛兵三百）(7)鈇鉞《ふえつ》（斧《おの》と鉞《まさかり》）(8)弓矢（赤い弓と黒い矢）(9)秬鬯《きょちょう》圭瓚《けいさん》（宗廟の祭器）である。一言でいえば、皇帝と同じ儀礼を行うための道具である。こののち、王莽は前漢から禅譲を受けて、新という国家を建設した。

王莽の新を打倒した光武帝劉秀は、漢を再興する。これを後漢という。後漢の後期に権力をほしいままにした梁冀は、「蕭何の故事」に、「賛拝不名」（朝見のときに名を呼ばれない）を付け加えた。

こうして、「入朝不趨」「剣履上殿」「賛拝不名」となった「蕭何の故事」を受けた曹操は、九錫を受け、息子の曹丕が後漢の禅譲を受ける基礎を築いた。「蕭何の故事」を受けることから始まる曹操の禅譲革命の方法は、「魏武輔漢の故事」（魏武は、魏の武帝曹操のこと）と呼ばれ、こののちの禅譲革命のマニュアルとなっていく。

劉邦の蕭何への殊礼は、唐まで続く禅譲の始まりを告げる特権となっていくのである。

蕭何像（拝将台）

「瓦零寺　中国三国志旅行記（http://garage359.blog.fc2.com/blog-entry-22.html）」より

第二八回　児女子の詐る所と為る

匈奴寇《ス》レ辺《ニ》。帝自《ラ》将《トシテ》撃《ツ》レ之《ヲ》。聞《キ》三冒頓単于居《ルト》二代谷《ニ》一、悉《シ》二兵三十万《ヲ》一、北《シテ》逐《ヒ》レ之《ヲ》、至《ル》二平城《ニ》一。冒頓《ノ》精兵四十万騎、囲《ムコト》二帝《ヲ》於白登《ニ》一七日。用《ヒ》二陳平《ノ》秘計《ヲ》一、使《ム》三間《ニ》厚《ク》遺《ラ》二閼氏《ニ》一。冒頓乃《チ》解《キテ》レ囲《ミヲ》去《ル》。平従《ヒテ》レ帝《ニ》征伐《シ》、凡《テ》六《タビ》出《ス》二奇計《ヲ》一。輒《チ》益《ス》二封邑《ヲ》一。

九年、遣《ハシテ》二劉敬《ヲ》一使《セシメテ》二匈奴《ニ》一和親《シ》、取《リテ》二家人《ノ》子《ヲ》一名《ヅケ》二公主《ト》一、妻《ハス》二単于《ニ》一。

十年、代《ノ》相国《ノ》陳豨反《ス》。帝自《ラ》将《トシテ》撃《ツ》レ之《ヲ》。淮陰侯《タル》韓信《ノ》舎人《ノ》弟上《リ》レ変《ヲ》、告《グ》二信《ガ》陰《ひそかニ》与レ豨謀《ルト》一。呂后与《ともニ》二蕭何《ト》一謀《リ》、

匈奴　陰山山脈の北辺に居住していたモンゴル系遊牧騎馬民族。

冒頓単于　冒頓は人名。単于は天の広大さを形容する蒙古語で、天子の意。

代谷　いまの河北省の地名。

平城・白登　ともにいまの山西省の地名。

閼氏　匈奴の王の后。

輒　「すなはチ」と読み、そのたびごとにという意味。

劉敬　婁敬のこと。劉邦に和平のため公主を単于に降嫁させることを説いた。

家人　庶民、すなわち、良家の子女。

公主　天子の女。

代　いまの河北省の地。

相国　諸侯国に置かれた行政長官。

詐リテ称シ二豨已ニ敗死一スト、給キテレ信ヲ入リテ賀セシメ、使メ二武士ヲシテ縛セレ信ヲ、斬ルレ之ヲ。信曰ク、吾悔ユト下不ルレ用ヒ二蒯徹之謀ヲ一、乃チ為リシヲ中児女子ノ所ト上レ詐ル。遂ニ夷ラグ二信ノ三族ヲ一。

紿　音は「タイ」。「あざむク」とよむ。

児女子　子供や女子の意であるが、ここでは主として呂后をさす。

夷信三族　夷は平らぐ。三族は父・母・妻の血族をいう。韓信の父・母・妻の血族をすべて皆殺しにすること。

【書き下し】　匈奴 辺に寇す。帝 自ら将として之を撃つ。冒頓単于 代谷に居ると聞き、兵三十万を悉《つく》し、北して之を逐ひ、平城に至る。冒頓の精兵四十万騎、帝を白登に囲むこと七日。陳平の秘計を用ひ、間に厚く閼氏に遺らしむ。冒頓 乃ち囲みを解きて去る。平 帝に従ひて征伐し、凡《すべ》て六たび奇計を出す。輒《すなは》ち封邑を益す。

九年、劉敬を遣はして匈奴に使せしめて和親し、家人の子を取りて公主と名づけ、単于に妻はす。

十年、代の相国の陳豨 反す。帝 自ら将として之を撃つ。淮陰侯たる韓信の舎人の弟、変を上《たてまつ》り、信が陰《ひそか》に豨と謀ると告ぐ。呂后 蕭何と与《とも》に謀り、詐りて豨 已に敗死すと称し、信を紿《あざむ》きて入りて賀せしめ、武士をして信を縛せしめ、之を斬る。信曰く、「吾 蒯徹の謀を用ひず、乃ち児女子の詐る所と為りしを悔ゆ」と。遂に信の三族を夷《たひ》らぐ。

【現代語訳】　匈奴が辺境に攻め込んだ。高皇帝は自ら将となりこれを討伐した。（匈奴の）冒頓単于《ぼくとつぜんう》が代谷にいると聞き、三十万の兵を残らず率いて、北上してこれを追い、平城に至った。（ところが）冒頓の精兵四十万が、高皇帝を白登山に包囲すること七日間に及んだ。陳平の奇策により、間《かん》（スパイ）に手厚く閼氏《あつし》（単于の妻）に（賄賂を）贈らせ、冒頓はやっと包囲を解いて去った。陳平は高皇帝に従って征伐に出たが、合計で六度も奇策を出し（て帝を救っ）た。そのたびに領地を加増された。

九年に、劉敬《りゅうけい》を派遣して匈奴に使者として和親させ、庶人の娘を公主《こうしゅ》（皇帝の娘）と偽って、単于の妻にさせた。

十年に、代《だい》王国の相国《しょうこく》の陳豨《ちんき》が謀反した。高皇帝は自ら将としてこれを征伐した。（その留守中）淮陰侯《わいいんこう》である韓信《かんしん》の舎人《しゃじん》の弟が、（上書して）変事を告げ、韓信がひそかに陳豨と（通じて）謀反していますとした。呂后は蕭何《しょうか》と相談して、詐って陳豨はすでに敗死したと称し、韓信をあざむいて入朝して祝賀の挨拶をさせ、（その際に）武士に韓信を捕縛させ、これを斬った。韓信は、「わたしは蒯徹の謀略を用いなかったため、なんと女子供に詐《いつわ》られたことを後悔する」と言った。（呂后は）かくて韓信の（父・母・妻の）三族を皆殺しにした。

解説・鑑賞

●異姓王の排除

劉邦が皇帝に即位した前二〇二年、燕王の臧荼《ぞうと》が反乱を起こした。劉邦は、親征してこれを下し、幼馴染の盧《ろ》綰《わん》を燕王とする。しかし、これを機に、劉邦は次第に部下や諸侯に猜疑の目を向けるようになった。なかでも、韓信・彭越・英布（黥布）は領地も広く、警戒された。

韓信は、楚王であったが、こののち反乱の疑いをかけられ、陳平の計略により、巡幸に事寄せて捕らえられ、格下げされて淮陰侯とされた。

翌前二〇一年、匈奴に攻められて降服した韓王信が、そのまま反乱を起こした。劉邦はまた親征してこれを下した。翌前二〇〇年からの匈奴への遠征は、その延長である。しかし、劉邦は冒頓単于に白登山で包囲され、陳平の策略により、ようやく脱出するを得た。

こうした外圧からも、国内の諸侯王を排除して、皇帝に権力を集中させることは急務であった。そうした中、前一九六年、韓信が蕭何の策で捕らえられ、呂后に誅殺されたのである。このとき劉邦は遠征に出ていたが、帰って韓信の誅殺を聞くとこれを悲しんだ。異姓の諸侯王の誅殺は、これ以後、呂后の主導で行われていく。

同じく、前一九六年、反乱の疑いをかけられた彭越は、捕らえられて蜀に流される所を呂后の策謀により誅殺された。そして、一人残った英布は反乱を起こす。劉邦はこのとき体調が優れず、太子（恵帝）を代理の将にしようかと考えた。しかし、呂后らにこれを諌められ、親征して英布をくだした。

張良は、天下統一後は大封を辞し、わずかな領地しか受け取らず、一線を退いて隠遁生活を送っていた。また蕭何は、劉邦に警戒されぬため、賄賂を受け取るなどをして、わざと自分の名声を貶め、粛清を免れている。こうした二人の行動を見ると、功臣の粛清は、劉邦の猜疑心のため、と捉えられるかもしれない。しかし、劉邦の功臣粛清は、歴史的な必然であった。

第一九回　馬上に天下を得る

十一年、帝破《リテ》レ豨《ヲ》還《リ》、詔《シテ》捕《ラフ》二蒯徹《ヲ》一。至《リテ》曰《ク》、秦失《ヒ》二其《ノ》鹿《ヲ》一、天下共《ニ》逐《フ》。高材疾足《ノ》者、先《ヅ》得《タリ》レ之《ヲ》。当時、臣独《リ》知《ルノミ》二韓信《ヲ》一。非《ズ》レ知《ルニ》二陛下《ヲ》一。天下欲《スル》レ為《サント》二陛下《ノ》所《ヲ》一レ為《セシ》者甚《ダ》衆《キモ》、力不《ル》レ能《ハ》耳。又可《ケン》二尽《ク》烹《ル》一邪《やト》。帝赦《ス》レ之《ヲ》。

梁王《ノ》彭越《ノ》太僕、告《グ》二其《ノ》将《タル》扈輒勧《メテ》レ越《ニ》反《セシムト》一。上使《ム》二人《ヲシテ》掩《ヒテ》レ越《ヲ》囚《ヘ》一レ之《ヲ》。反形已《ニ》具《ハル》。赦《シテ》処《ラシム》レ蜀《ニ》。呂后曰《ク》、此《レ》自《ラ》遺《スモノナリト》レ患《ヲ》。遂《ニ》誅《シテ》レ之《ヲ》夷《ラグ》二三族《ヲ》一。

遣《ハシ》二陸賈《ヲ》一立《テ》二南海《ノ》尉《タル》佗《ヲ》一、為《ス》二南粤王《ト》一。佗称《シテ》レ臣《ト》奉《ズ》二漢《ノ》約《ヲ》一。賈帰《リテ》報《ズ》。拝《セラル》二太

豨　陳豨。反乱を起こしていた。

蒯徹　韓信に天下三分を勧めていた。

失其鹿　鹿は天子の位に譬える。失鹿とは、天子の位を失うこと。

高材疾足　秀れたはたらきのあること。

彭越　項羽の背後でゲリラ戦を展開し、その功績により梁に封建されていた。

太僕　官名。近侍官を統括することを掌る。

掩　不意を討つこと。掩襲と熟する。

陸賈　楚人で弁舌に長じていた儒者。

南海尉佗　南海は今の広東・広西両省の地。尉は官名。郡の兵を掌る。佗は名、姓は趙。趙佗は初め自立して王と称し、漢の命を奉じなかった。

南粤　南越に同じ。広東・広西両省の地方。

中大夫ニ㆒。賈時〻ニ前ミテ説ク㆓詩書ヲ㆒。帝罵リテ㆑之ヲ曰ク、乃《だい》公《こう》馬上ニ得タリ㆓天下ヲ㆒。安クンゾ事トセント㆓詩書ヲ㆒。賈曰ク、陛下以テ㆓馬上ヲ㆒得タルモ㆑之ヲ、寧クンゾ可ケン㆘以テ㆓馬上ヲ㆒治ム㆖㆑之ヲ乎。文武並ビ用フルハ、長久之術也。使メバ㆘秦ヲシテ并ハセ㆓天下ヲ㆒、行ヒ㆓仁義ヲ㆒、法ラ㆗先聖ニ㆖、陛下安クンゾ得ント㆑有スルヲ㆑之ヲ。帝曰ク、試ミニ為ニ㆑我ガ著ハセ㆑書ヲ。秦ノ所㆓以ト失ヒシ㆒、吾ノ所㆓以ト得タル㆒、及ビ古ノ成敗トヲト。賈著ハス㆓書十二篇ヲ㆒。毎ニ㆑奏スル称ス㆑善シト。号シテ曰フ㆓新語ト㆒。

太中大夫 官名。天子の諮問に答えることを掌る。

乃公 乃は汝、公は君の意。汝が君の意味で、君主が臣下に対していう自称。

【書き下し】 十一年、帝、豨を破りて還り、詔して蒯徹を捕らふ。至りて曰く、「秦 其の鹿を失ひ、天下 共に逐ふ。高材疾足の者、先づ之を得たり。当時、臣 独り韓信を知るのみ。陛下を知るに非ず。天下 陛下の為せし所を為さんと欲する者 甚だ衆《おほ》きも、力 能はざるのみ。又 尽く烹る可けんや」と。帝 之を赦す。

梁王の彭越の太僕、其の将たる扈輒 越に勧めて反せしむと告ぐ。上 人をして越を掩《おそ》ひて之を囚へしむ。反形 已に具はる。赦して蜀に処らしむ。呂后曰く、「此れ自ら患を遺すものなり」と。遂に之を誅して三族を夷らぐ。

陸賈を遣はし南海の尉たる佗を立て、南粤王と為す。佗 臣と称して漢の約を奉ず。賈 帰りて報ず。太中大夫に拝せらる。賈 時々に前みて詩書を説く。帝 之を罵りて曰く、「乃公 馬上に天下を得たり。安くんぞ詩書を事とせん」と。賈曰く、「陛下馬上を以て之を得たるも、寧くんぞ馬上を以て之を治む可けんや。文武 並び用ふるは、長久の術なり。秦をして天下を幷はせ、仁義を行ひ、先聖に法《のっと》らしめば、陛下 安くんぞ之を有するを得ん」と。帝曰く、「試みに我が為に書を著はせ。秦の失ひし所以と、吾の得たる所以と、及び古の成敗とを」と。賈 書十二篇を著はす。奏する毎に善しと称す。号して新語と曰ふ。

【現代語訳】 十一年、高皇帝は陳豨《ちんき》を破って凱旋し、（蒯徹がかつて韓信に謀反を勧めたことを知り）詔を出して蒯徹《かいてつ》を捕らえた。蒯徹は高皇帝の前に至り、「秦が天子の位を失ったとき、天下（の英雄）はみなこれを得ようとしました。すぐれた働きのものが、真っ先にこれを手に入れました。当時、臣《わたし》はただ韓信だけを知っているだけでした。陛下のおられることを知りませんでした。天下には陛下のなされた事業（皇帝となること）を成し遂げようと思った者がたくさんおりましたが、力が及ばなかったまででございます。といって（それらの者を）悉く烹殺することができるでしょうか」と言った。高皇帝はこれを許した。

　梁王の彭越《ほうえつ》の太僕が、彭越の部将である扈輒《こちょう》が彭越に勧めて謀反させたと報告してきた。高皇帝は兵を出して不意に彭越を襲って捕らえさせた。謀反の形跡は歴然としていた。（しかし）許して蜀の地に流刑とした。呂后は、「これは自分で後日のわざわいを残すものです」と言った。かくて彭越を誅殺し（父・母・妻の）三族を皆殺しにした。

（高皇帝は儒臣の）陸賈を派遣して（もとの秦の）南海郡の尉《い》である趙佗《ちょうだ》を立てて南粤王《なんえつおう》とした。趙佗は臣と称して漢との約束を守ることを誓った。陸賈は帰朝して復命した。（その功により）太中大夫《たいちゅうたいふ》に任ぜられた。陸賈は時をみて高皇帝の前に進み出ては『詩経《しきょう》』や『尚書《しょうしょ》』を講釈した。高皇帝はこれを罵り、「わたしは馬上で天下を取った。どうして『詩経』や『尚書』を必要としよう」と言った。陸賈は答えて、「陛下は馬上で天下を取られましたが、どうして馬上で天下を治めることができましょう。文と武と合わせ用いるのが、（国家を）長く久しく治める手段であります。秦が天下を統一して、仁義の政治を行い、古代の聖王を手本としていたならば、陛下はどうして天下を取ることができたでしょう」と言った。高皇帝は、「試みにわたしのため一書を著わしてみよ。秦が天下を失った理由と、わたしが天下を取った理由と、そして古《いにしえ》の君主が成功し失敗した理由と（を書いてみよ）」と言った。陸賈はそこで、十二篇の書を著した。（毎篇）奏上するごとに（高皇帝は）「よし」と言った。その書を『新語《しんご》』と名づけた。

解説・鑑賞

●馬上に天下を得たが

古今東西を問わず、天下を統一する上で不可欠なのは軍事力である。劉邦の言葉で言えば、「馬上に天下を得」たのである。

しかし、天下統一後も、そのままの軍事力を維持していれば、財政は逼迫する。統一後の軍縮は、建国者の誰もが抱える普遍的課題なのである。陸賈の主張する「文武並び用いる」ことを考えなければならない段階に、劉邦は置かれていた。

統一後の軍縮を行うための最も簡単な手段は、功臣の粛清である。恩賞の多い功臣には、多くの軍人が帰属している。功臣が失脚すれば、配下の軍人は行き場を失い、大抵は帰農せざるを得ない。こうした軍事力の縮小は、建国時の軍事型国家から、国を継承・運営していくための守成型国家に移行する上で、必要不可欠なことなのである。中国史上で功臣を殺さなかった建国者は、後漢の光武帝と北宋の太祖趙匡胤の二人しか存在しない。劉邦

の功臣粛清は、建国者として避けられない歴史的必然なのであった。

しかし、中央集権化は進まず、その実現は、呉楚七国の乱を平定した後の武帝期を待たねばならなかった。

第三〇回　大風の歌

淮南王ノ黥布、見テ下帝ノ殺シ二韓信ヲ一、醢ニセシヲ中彭越ヲ上、以テ二同功一体之人ナルヲ一、自ラ疑ヒ二禍ノ及バンコトヲ一、遂ニ反ス。帝自ラ将トシテ撃ツレ之ヲ。十二年、帝破リテレ布ヲ還リ、過リレ魯ニ、以テ二太牢ヲ一祠ル二孔子ヲ一。過リテレ沛ニ置酒シ、召シテ二宗室・故人ヲ一飲ス。酒酣ニシテ上自ラ歌ヒテ曰ク、大風起リテ兮雲飛揚ス。威加ハリテ二海内ニ一兮帰ル二故郷ニ一。安《いづ》クニカ得テ二猛士ヲ一兮守ラシメント二四方ヲ一。令メ下沛中ノ子弟ヲシテ習ヒ中-歌ハ之ヲ上、以テレ沛ヲ為ス二湯沐ノ邑ト一。

黥布　英布のこと。黥布は通称である。

醢　「ししびしお」と読む。殺害したのちに塩づけにすること。

太牢　牛・羊・豚を用いた、最高の犠牲。

湯沐邑　湯は身体を洗い、沐は髪を洗うこと。その地からあがる税金を湯沐の費用に充てることから、天子や諸侯の料地をさす。

【書き下し】　淮南王の黥布、帝の韓信を殺し、彭越を醢《ししびしお》にせしを見て、同功一体の人なるを以て、自ら禍の及ばんことを疑ひ、遂に反す。帝 自ら将として之を撃つ。

十二年、帝 布を破りて還り、魯に過り、太牢を以て孔子を祠る。沛に過りて置酒し、宗室・故人を召して飲す。酒 酣にして上 自ら歌ひて曰く、「大風 起りて 雲 飛揚し、威 海内に加はりて 故郷に帰る。安《いづ》くにか猛士を得て 四方を守らしめん」と。

沛中の子弟をして之を習ひ歌はしめ、沛を以て湯沐《とうもく》の邑と為す。

【現代語訳】 淮南《わいなん》王の黥布《げいふ》（英布）は、高皇帝が韓信を殺し、彭越《ほうえつ》を醢《ししびしお》にしたことを見て、自分も二人と功を同じくする一心同体の間柄であるため、自分にも禍いが及ぶであろうと疑い、かくて反乱を起こした。高皇帝は自ら将軍となりこれを征伐した。

十二年、高皇帝は黥布を滅ぼして帰り、魯《ろ》に立ち寄って、太牢《たいろう》の供物を具えて孔子を祭った。（そののち故郷の）沛に立ち寄って酒宴を催し、一族・旧友を呼んで共に飲んだ。宴の酣《たけなわ》に高皇帝は自ら歌い、「大風が吹き起こり、雲が舞い上がる。この大風の如く、この雲の如く天下を平定した私の威光は輝きわたり、そして今、故郷に帰ってきた。しかし世はまだまだ安定していない。どこかから勇猛の士を旗下に加えて、四方の国境を守りたいものだ」といった。沛の少年たちにこの歌を習い歌わせ、沛を帝室の御料地とした。

解説・鑑賞

●劉邦の不安

劉邦の功臣粛清は、建国者として避けられない歴史的必然であった。とはいえ、劉邦固有の理由もある。

第一は、皇帝と王の区分が不分明であったことにある。劉邦の時代は、まだ秦の始皇帝によって皇帝号が作られたばかりであった。そのため、皇帝が唯一無二の公権力だという認識がなく、皇帝も王もあまり変わらないものと考えられていた。したがって、劉邦によって王に封じられた功臣たちは、同格の半ば独立した勢力であった。

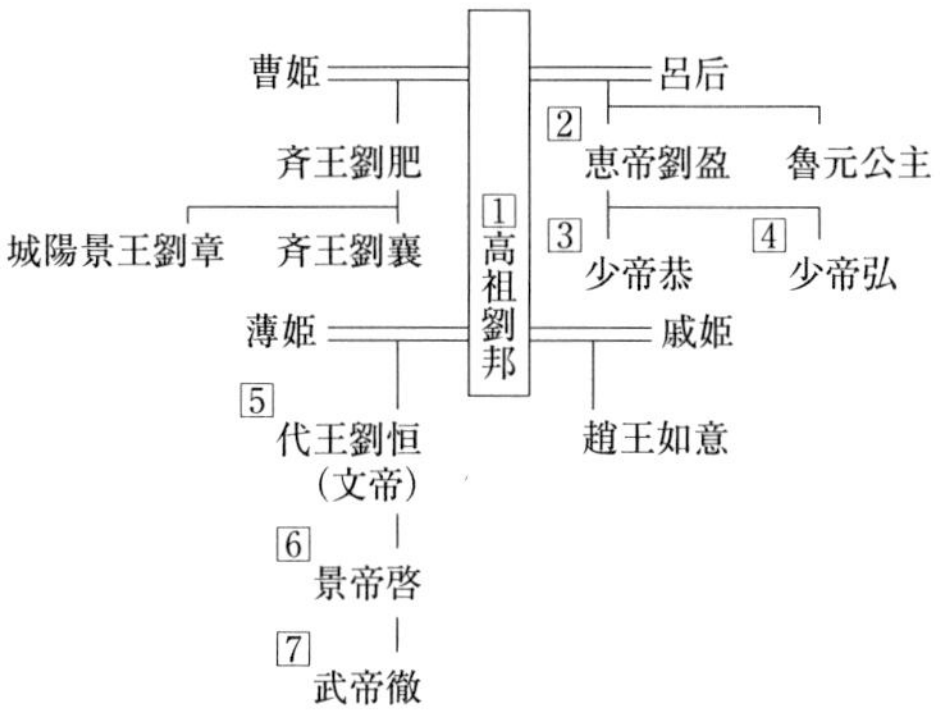

前漢帝室の系譜（〜武帝まで）

劉邦は皇帝が王よりも上位にあることを証明するために、武力で王を討伐しなければならなかった。やがて、天子の称号が必要とされた理由である。

第二は、天下統一時に中央集権体制を確立できなかったことにある。劉邦や蕭何は、中国全土を皇帝の直轄領にする郡県制を導入して、中央集権的な国家を作ろうと考えていたであろう。ところが韓信、彭越らの功績があまりにも大きかったために、かれらを王にせざるを得ず、権力の集中ができなかった。その結果、郡県制を導入して劉邦の直轄領にできたのは、全土の三分の一に過ぎなかった。残りの三分の二は功臣の領地であり、かれらが結べば漢帝国は崩壊する恐れがあった。

第三は、後継者問題である。後嗣の恵帝は資質に恵まれていなかった。また、劉邦の呂后は権力欲が強く、恵帝に代わって政治を壟断する恐れがあった。事実、呂后は劉邦の没後に専権を振るったが、その際、野心ある功臣が多くの兵を持って残っていれば、漢帝国が倒される可能性もあった。

これらの問題のため、劉邦は漢帝国を守るべく、功臣を粛清しなければならなかった。しかし、それは劉邦にとってもたいへんに辛いものだった。その心境は、「大風の歌」によく表われている。英布の討伐後、故郷の沛に立ち寄った劉邦は、こう詠った。

大風 起りて 雲 飛揚す
威 海内に加はりて 故郷に帰る
安くにか猛士を得て 四方を守らしめん

この詩は、時に劉邦の得意の絶頂の心境を表わすものとして解釈されることがあるが、それは表面的な解釈に過ぎない。詩の真意を理解する上で欠かせないものは、匈奴に大敗北を喫したという事実であろう。以後、漢は、匈奴に貢物を送るという屈辱的な外交関係を強いられていた。この大敗と功臣粛清や後継者問題を踏まえると、「大風の歌」は、劉邦の不安を表白している。

匈奴の脅威があるにもかかわらず、それに対抗できるような勇猛の士、すなわち功臣は、自らの手で粛清せざるを得ず、後継者には問題を解決する力もない。漢はどうなってしまうのだろうか。この詩には、国の行く末を思い、咽《むせ》び泣くような劉邦の思いが表現されている。

劉邦は功臣を粛清したがために、晩節を汚したかのように思われがちである。しかしながら、「大風の歌」を通して見えてくるのは、国の行く末を案じる孤独な為政者の姿なのである。

著者略歴

渡邉《わたなべ》義浩《よしひろ》

1962年　東京都に生まれる
1991年　筑波大学大学院博士課程歴史・人類学研究科修了
現　在　早稲田大学文学学術院教授
三国志学会事務局長
文学博士
主　著　『後漢国家の支配と儒教』（雄山閣出版，1995年）
『三国政権の構造と「名士」』（汲古書院，2004年）
『西晋「儒教国家」と貴族制』（汲古書院，2010年）

漢文ライブラリー
十八史略で読む『史記』
—始皇帝・項羽と劉邦—

定価はカバーに表示

2016年10月30日　初版第1刷
2020年10月25日　第2刷

著　者　渡　邉　義　浩
発行者　朝　倉　誠　造
発行所　株式会社　朝　倉　書　店
東京都新宿区新小川町6-29
郵便番号　162-8707
電　話　03（3260）0141
ＦＡＸ　03（3260）0180
http://www.asakura.co.jp

〈検印省略〉

教文堂・渡辺製本

ISBN 978-4-254-51587-9　C 3381　Printed in Japan